YESHUA REVELADO A TRAVÉS DE LAS FIESTAS DE ISRAEL

Dr. Rick Kurnow

Dedicatoria

Para *Yeshua* (Jesús) El Verbo de Vida, La Luz del Mundo.

El Precioso Cordero de Dios.

Agradecimientos

Muchas gracias a mi hijo espiritual Guillermo Contreras Olivera, que me ayudó a traducir este manuscrito… También me gustaría darle gracias al Dr. Adriana Olivera por su contribución al proceso de edición de este libro. Dios bendiga a mi familia en la Iglesia Nido de Águilas, Red al mundo, en Chetumal, Mexico

**ISBN-13:
978-1515176022**

**ISBN-10:
1515176029**

INTRODUCCIÓN

El aprender sobre las festividades de Israel nos revela un hermoso panorama de símbolos que a su vez nos guían a *Yeshua* (Jesús), el mesías.

El plan de Dios desde el comienzo, ha sido el mandar a Su Hijo a este mundo para redimirnos a todos de la presencia, poder y condenación del pecado. Es interesante prestarle atención al hecho de que Jesús murió durante la festividad de la Pascua, cuando un cordero debía de ser inmolado como sacrificio, ya que Jesús también es conocido como el Cordero de Dios.

Juan 1:29

"El siguiente día vio Juan a Jesús que venía a él, y dijo: He aquí el Cordero de Dios, que quita el pecado del mundo".

Posteriormente Jesús se levantó de entre los muertos durante la fiesta de las primicias, la cual es llamada *bikkurim* en hebreo. Él volvió a vivir a la misma hora en que el manojo ceremonial de la cosecha de cebada era mecido para ser ofrendado como primicia. Fue entonces cuando el conteo del *omer* siguió su transcurso por 50 días.

1ra de Corintios 15: 20-23

"Más ahora Cristo ha resucitado de los muertos; primicias de los que durmieron es hecho. Porque por cuanto la muerte entró por un hombre, también por un hombre la resurrección de los muertos. Porque así como en Adán todos mueren, también en Cristo todos serán vivificados. Pero cada uno en su debido orden: Cristo, las primicias; luego los que son de Cristo, en su venida."

Al término de los 50 días de la Pascua, Él mandó a Su Espíritu Santo a la Fiesta del Pentecostés, el cuál en hebreo es llamado *"Shavuot"*. La celebración del *Shavuot* es la celebración de La Ley dada a los hombres a través de Moisés por Dios.

En los siguientes capítulos vamos a aprender acerca del significado de estos festejos, así como del protocolo seguido para efectuar su ceremonia, y como todos estos señalan a *Yeshua*. Si usted es Judío y se encuentra leyendo este libro, es mi oración que sus ojos sean abiertos para poder ver a *Yeshua* como el Mesías. Si usted ya es un creyente de *Yeshua*, es mi oración que su vida y diario caminar con el Señor sean fortalecidos, así como vaya leyendo sobre las sorprendentes revelaciones escondidas en los días festivos de Israel y que ahora están listas para ser descubiertas. Mientras más se dé cuenta, más verá a Jesús reflejado en ellas.

Me gusta el panorama que se va formando cuando uno observa la obra maestra que Dios ha ido tejiendo a través de los tiempos. Me gusta pensar en él como un papel tapiz, el cual si se pusiera en exhibición y se posicionara desde muy lejos, se podría contemplar la imagen más hermosa del Mesías *Yeshua*. Y así como si uno se fuese acercando a dicho papel tapiz, se podrían ir descubriendo detalles que jamás se hubiese dado cuenta que existían.

Prepárese para recibir las más maravillosas verdades que integran esta imagen del Mesías para toda la gente. *Yeshua Ha Mashiach* (Jesús el Mesías).

Quisiera animarle a que aprenda más acerca de las fiestas Bíblicas de Israel. Mientras más entendimiento tenga usted de ellas, más podría descubrir el maravilloso plan de redención y las promesas del pacto que Él ha hecho para usted y para mí.

Tabla de Contenidos

Capítulo 1 – Las fiestas señalan a *Yeshua* (Jesús) 6

Capítulo 2 – La última cena (Pascua) 10

Capítulo 3 – La Resurrección El Festival de las Primicias 32

Capítulo 4 – Pentecostés (*Shavuot*) 42

Capítulo 5 – La fiesta de las trompetas (*Rosh Hashanah*) 54

Capítulo 6 – El día de la expiación (*Yom Kippur*) 66

Capítulo 7 – La fiesta de los tabernáculos (*Sukkot*) 78

Capítulo 8 – La fiesta de la dedicación (*Hanukkah*) 104

Capítulo 9 – La fiesta de Ester (*Purim*) 112

Capítulo 10 – Otras fiestas y celebraciones 126

Todos los versículos de la escritura corresponden a la versión Reina Valera 1960, a menos que se mencione otra versión.

CAPÍTULO 1

Las fiestas señalan a *Yeshua* (Jesús)

Juan 5:39

"Escudriñad las Escrituras; porque a vosotros os parece que en ellas tenéis la vida eterna; y ellas son las que dan testimonio de mí;"

Estudie las escrituras y descubrirá un asombroso tejido elaborado por Dios a través de los tiempos, cuya tapicería revela a *Yeshua* el Mesías. Cada porción de la escritura nos guía a Él. Estudie el tabernáculo de Moisés y verá como todas las partes del tabernáculo lo señalan a Él. Los días festivos de Israel fueron muy importantes para *Yeshua* cuando caminó en esta tierra, ya que Él los celebró y los volvió parte de su vida, así como Dios les otorgó un significado profético y una revelación individual a cada uno de estos días festivos.

Los tiempos y sazones de las festividades

Levíticos 23:4

"Estas son las fiestas solemnes de Jehová, las convocaciones santas, a las cuales convocaréis en sus tiempos:"

Dios le dio instrucciones a Moisés sobre las festividades. El capítulo entero de Levítico 23 revela tanto las temporadas, como los días específicos.

Fue en el Monte Sinaí que Dios le dio a Moisés instrucción específica sobre siete días festivos:

1. Pascua (*Pesach*) *Nisan* 14-22

2. Fiesta del pan sin levadura (*Chag Hamotzi*) – *Nisan* 15-22

3. Las primicias (*Yom Habikkurim*) – *Nisan* 16

4. Pentecostés (*Shavu'ot*) – *Sivan* 6-7

5. Trompetas (*Rosh Hashanah*) – *Tishri* 1

6. Día de la expiación (*Yom Kippur*) – *Tishri* 10

7. Fiesta de los tabernáculos (*Sukkot*) – *Tishri* 15-22

Dichos festejos están basados en el calendario Judío, el cual fue llevado a cabo de acuerdo con las fases lunares, cada mes en este calendario comienza con la luna nueva. El calendario Gregoriano el cual está integrado por los doce meses que nos son familiares, partiendo de enero y concluyendo con diciembre, es un calendario solar integrado por 365 días. Las festividades e Israel siempre habrían de caer en los mismos días anualmente, pero porque el calendario lunar es diferente del solar, entonces los días festivos van cayendo en diferentes fechas del calendario Gregoriano.

Por un lado tenemos las festividades de la primavera y por el otro las de otoño. Tres de las festividades ocurren cerca del comienzo de la primavera, otra de ellas se da ya entrada la primavera y las últimas tres se dan en otoño. Existen otras dos festividades que se celebran, más no están mencionadas en Levítico 23. Una es la fiesta de Purim, basada en el libro de Ester y la otra fue profetizada en el libro de Daniel, capítulo 8:9-14, ésta es la fiesta de la Dedicación, conocida como *Chanukah*. Esta festividad comenzó a festejarse después del cumplimiento de dicha profecía.

Mes del Calendario Hebreo	Equivalente del Calendario Gregoriano	Nombre de la fiesta celebrada en esos meses
Nisan	Marzo – Abril	Pascua
Lyar	Abril – Mayo	
Sivan	Mayo – Junio	Shavout
Tammuz	Junio – Julio	Tisha B'av
Elul	Agosto – Septiembre	
Menachem ab	Julio – Agosto	Tisha B'Av
Tishrei	Septiembre - Octubre	Rosh Hashanah, Yom Kippur, Sukkot
Marcheshvan	Octubre – Noviembre	
Kislev	Noviembre - Diciembre	Chanukah
Tevet	Diciembre - Enero	Conclusión de Chanukah
Shevat	Enero – Febrero	
Adar	Febrero - Marzo	Purim

CAPÍTULO 2

LA ÚLTIMA CENA

Pascua

La festividad de la Pascua, cuyo nombre en hebreo es *"Pesach"* es una de mis festividades favoritas debido a la riqueza que esta ofrece para descubrir a *Yeshua* y al pacto que Dios ha hecho con Su gente. Este festejo comienza en *Nisan* 14 y se mueve directamente a la fiesta del pan sin levadura. En el tercer día de la pascua, la Fiesta de las Primicias es celebrada y el conteo del *omer* comienza por 50 días.

La crucifixión ocurrió a la misma hora que el cordero pascual fue sacrificado, y la resurrección tomó lugar a la misma hora en que el manojo ceremonial de la cosecha era mecido para ser entregado como primicia de la cosecha de cebada. Yeshua se levantó de los muertos durante la celebración de *"Bikkurim"*, o sea de Las primicias. La resurrección de *Yeshua* representa el cumplimiento del festejo de Las primicias.

La cena del *Seder* que es celebrada durante la pascua también apunta hacia *Yeshua*. De hecho la "Última Cena" que *Yeshua* tuvo con Sus discípulos fue la del *Seder*, celebrando la Pascua. Hay bastantes aspectos de la cena del Séder que muchos cristianos no conocen, pero *Yeshua* les vino a otorgar un significado relevante. El descubrir estas verdades enriquecerá su relación con Él y abrirá sus ojos al pacto el cuál Dios ha hecho con usted.

Mateo 26:17-19

"El primer día de la fiesta de los panes sin levadura, vinieron los discípulos a Jesús, diciéndole: ¿Dónde quieres que preparemos para que comas la pascua? Y él dijo: Id a la ciudad a cierto hombre, y decidle: El Maestro dice: Mí tiempo está cerca; en tu casa celebraré la pascua con mis discípulos. Y los discípulos hicieron como Jesús les mandó, y prepararon la pascua."

Cuando las personas judías se preparan para tener la cena del Séder para la Pascua, ellos recorren la casa en busca de levadura, ya que se necesita remover toda levadura de la casa antes de que se pueda efectuar la celebración. Además de eso, ellos no consumen nada que contenga levadura durante los siete días de la celebración.

Éxodo 12:15a

"Siete días comeréis panes sin levadura; y así el primer día haréis que no haya levadura en vuestras casas;"

Esta práctica nos muestra un principio que podemos aplicar a nuestra vida espiritual. Pablo el Apóstol, quien era un hebreo creyente en *Yeshua*, celebró la fiesta de la Pascua durante toda su vida. Él estaba bastante familiarizado con esta práctica, y en sus cartas a la iglesia de Corintios, el solía usar esta práctica para ilustrar algunas verdades espirituales.

1ra de Corintios 5:6-8

"No es buena vuestra jactancia. ¿No sabéis que un poco de levadura leuda toda la masa? Limpiaos, pues, de la vieja levadura, para que seáis nueva masa, sin levadura como sois; porque nuestra pascua, que es Cristo, ya fue sacrificada por nosotros. Así que celebremos la

fiesta, no con la vieja levadura, ni con la levadura de malicia y de maldad, sino con panes sin levadura, de sinceridad y de verdad."

La preparación de la cena del *Séder* involucra ciertos elementos que sostienen diversos simbolismos, los cuales son usados para contar la historia de cómo Dios liberó a los hijos de Israel del yugo de Egipto. Estos elementos se encuentran representados en el plato de la cena del *Séder*:

Zeroah: Una extremidad asada de cordero. Este elemento nos recuerda el sacrificio del cordero cuya sangre fue colocada en las puertas de las casas. La palabra hebrea para hueso es *"etzem"* más el término *"zero'a"* significa *"brazo"*, este simbolismo nos ayuda a recordar que Dios sacó al pueblo Hebreo de Egipto con "brazo extendido".

Beitzah: Es un huevo marrón previamente cocido y posteriormente horneado. Esto nos recuerda al cordero que se tenía que sacrificar en el Templo Sagrado durante la pascua para la expiación de los pecados.

Maror: Son hierbas amargas, principalmente el rábano rusticano. Estás hierbas simbolizan el duro sufrimiento y tiempos amargos de los hijos de Israel cuando eran esclavos en Egipto.

Jaroset: Es una mezcla dulce de fruta picada, nueces, miel, canela y un poco de vino rosado. Esta mezcla marrón y pastosa simboliza el barro el cual los hijos de Israel eran forzados a trabajar cuando estaban en Egipto.

Karpas: Este elemento puede ser representado por una diminuta rebanada de cebolla, papa hervida o ramitas de perejil. El *Karpas* es sumergido en un aderezo de agua con sal al principio del Séder, representando las lágrimas saladas que los hijos de Israel lloraron cuando eran esclavos.

Jazeret: Lechuga romanita. Esta es la segunda porción de hierbas amargas que se comen durante el Séder.

El rompimiento del *Matzah*

(Pan sin levadura)

Durante el *Séder* el pan sin levadura es extraído de un bolso de tres compartimientos llamado *Matzah Tosh*. La palabra *"tosh"* significa "unidad". El *matzah* se saca del compartimiento central y posteriormente es roto a la mitad. Es hasta este punto en la *Séder*, que Jesús tomó la pieza de pan sin levadura y la rompió. Es interesante el notar que el *Matzah Tosh* posee tres compartimientos simbolizando a la Trinidad. El Padre, el Hijo y el Espíritu Santo. Cuando a las personas hebreas se les preguntan acerca del valor simbólico de los tres compartimientos del *Matzah Tosh*, son diversas las teorías que ellos pudiesen ofrecer, por ejemplo, algunos de ellos dicen que los compartimientos representan a los patriarcas, Abraham, Isaac y Jacob, en adición a esta teoría existen muchas otras más. No obstante, al tomar en cuenta que *Yeshua* específicamente tomó el pan sin levadura del compartimiento central, declarando que este era Su cuerpo, yo asumo que esto significa que la representación simbólica de dichos compartimentos es la unidad de la Trinidad de Dios.

Lucas 22:19

"Y tomó el pan y dio gracias, y lo partió y les dio, diciendo: Esto es mi cuerpo, que por vosotros es dado; haced esto en memoria de mí."

Este acto profético nos habla de un pacto, recordándonos el pacto que Dios hizo con Abraham. Cuando Dios estableció Su pacto con Abraham Él le dijo a Abraham que tomara animales y los cortara a la mitad depositando ambas partes de lado a lado. Después Dios pasó entre los trozos de carne, estableciendo así un pacto con él.

Génesis 15:10

"Y tomó él todo esto, y los partió por la mitad, y puso cada mitad una enfrente de la otra; mas no partió las aves."

Génesis 15:17-18

"Y sucedió que puesto el sol, y ya oscurecido, se veía un horno humeando, y una antorcha de fuego que pasaba por entre los animales divididos.

En aquel día hizo Jehová un pacto con Abram, diciendo: A tu descendencia daré esta tierra, desde el río de Egipto hasta el río grande, el río Éufrates;"

El acto de caminar entre las piezas de carne era en tiempos bíblicos, una representación que se hacía para efectuar un pacto. A este tipo de representación se le llamaba "La caminata de la muerte". La persona que iniciaba el pacto debía de pasar a través de los trozos de carne y declarar "Qué me sea hecho a mí, así como se le ha hecho a estos animales, si no mantengo mi palabra ante este acuerdo".

Cuando *Yeshua* murió en la cruz el velo del templo fue roto a la mitad de lado a lado, esto era necesario para representar el pacto y el sacrificio cortado a la mitad que en ese momento representaba la carne de *Yeshua*.

Hebreos 10:19-21

"Así que, hermanos, teniendo libertad para entrar en el Lugar Santísimo por la sangre de Jesucristo, por el camino nuevo y vivo que él nos abrió a través del velo, esto es, de su carne, y teniendo un gran sacerdote sobre la casa de Dios,"

Lo primero que *Yeshua* hizo al morir en la cruz fue caminar entre estos trozos del velo que representaban carne y estableció así el Nuevo Pacto.

Hebreos 9:11-15

"Pero estando ya presente Cristo, sumo sacerdote de los bienes venideros, por el más amplio y más perfecto tabernáculo, no hecho de manos, es decir, no de esta creación, y no por sangre de machos cabríos ni de becerros, sino por su propia sangre, entró una vez para siempre en el Lugar Santísimo, habiendo obtenido eterna redención.

Porque si la sangre de los toros y de los machos cabríos, y las cenizas de la becerra rociadas a los inmundos, santifican para la purificación de la carne, ¿cuánto más la sangre de Cristo, el cual mediante el Espíritu eterno se ofreció a sí mismo sin mancha a Dios, limpiará vuestras conciencias de obras muertas para que sirváis al Dios vivo?

Así que, por eso es mediador de un nuevo pacto, para que interviniendo muerte para la remisión de las transgresiones que había bajo el primer pacto, los llamados reciban la promesa de la herencia eterna."

La palabra en hebreo para Pacto es *"karath beriyth"* la cual significa literalmente el llegar a un mutuo acuerdo a través del corte de la carne y el derramar de la sangre. Yeshua fue estableciendo el escenario para el Nuevo Pacto, cuando Él tomó la pieza central del matzah y la rompió en dos, haciendo la declaración de que esos trozos de pan representaban su cuerpo, roto por ti y por mí, y cuando el velo del templo se hubiese de romper a la mitad.

El *Afikomen*

¿Qué es el *"Afikomen"*? Después de que el *Matzah* fuere roto en dos pedazos, una de las piezas es envuelta en un trapito o servilleta para ser oculta en algún lugar, esto para que posteriormente los niños puedan buscarlo dentro de la casa. A este acto se le es llamado el *Afikomen*. Al final de la cena del *Séder*, el niño que descubre el *afikomen* es recompensado con un regalo. La palabra "*Afikomen*" fue adoptada en el lenguaje hebreo por parte del lenguaje griego. El término en griego para afikomen significa "Él vino" y si le preguntas a varias personas judías hoy en día acerca del origen y significado de esta palabra, muchas de ellas no sabrán que responder. Ponte a pensar en esto: *Yeshua* fue crucificado, envuelto en un sudario y ropas de entierro para posteriormente su cuerpo ser oculto en una tumba. Ahora aquellos que descubren que "Él vino" son recompensados con su regalo de salvación.

El dip de las hierbas amargas y las hierbas dulces.

La otra pieza del *matzah* es remojada en el plato del *Séder*, combinando dos de los elementos antes mencionados en el plato, el *Maror* que contiene las hierbas amargas y el *Jaroset*, el cual es la mezcla dulce y ambos son puestos juntos, mientras se cuenta la historia de la esclavitud que los hijos de Israel tuvieron que soportar mientras estaban cautivos en Egipto. El *Jaroset* representa el barro usado para construir las pirámides en Egipto. A su vez, este barro representaba la amargura y dureza de las labores durante la cautividad en Egipto. El *matzah* se toma y es sumergido en el dip que previamente se hizo mezclando el elemento amargo con el dulce y después de haberse remojado en esta mezcla se come. Lo que esto representa para las personas Judías, es que sí existía dolor y amargura en los labores que tenían que soportar siendo esclavos, más a su vez, ellos tenían la esperanza de que un libertador surgiese de parte de Dios para romper su yugo, es por eso que se pone también el elemento dulce, el cual representa la esperanza que alimentaba sus ánimos para completar las labores diarias.

Yeshua ya tenía la idea de lo que estaría a punto de pasar y cómo se debería de enfrentar a lo que sería el momento más doloroso y amargo de su vida, comenzando con la traición de uno de sus amigos más cercanos. Judas acompañó a Jesús y le sirvió durante tres años; sin embargo, llegó un punto en donde el habría de traicionar a *Yeshua*, y fue durante la santa cena, en el momento de sumergir el *matzah* en el dip amargo y dulce, que *Yeshua* aprovechó para revelar esta traición, pero al mismo tiempo declarar el mensaje de esperanza de que Él era el libertador, enviado para romper el lazo de esclavitud del pecado de todas las personas.

Marcos 14:18-20

Y cuando se sentaron a la mesa, mientras comían, dijo Jesús: De cierto os digo que uno de vosotros, que come conmigo, me va a entregar. Entonces ellos comenzaron a entristecerse, y a decirle uno por uno: ¿Seré yo? Y el otro: ¿Seré yo? El, respondiendo, les dijo: Es uno de los doce, el que moja conmigo en el plato.

Hebreos 12:2

"puestos los ojos en Jesús, el autor y consumador de la fe, el cual por el gozo puesto delante de él sufrió la cruz, menospreciando el oprobio, y se sentó a la diestra del trono de Dios."

Al sumergir *Yeshua* el *Matzah* conjuntamente con Judas en el dip, Él ya sabía que la traición sería amarga, y sobre todo, que esto sería solo el principio de una serie de eventos que desencadenarían en el peor de los dolores. Sin embargo, Él tenía una esperanza. Esa esperanza era usted y era yo. El tener el conocimiento de que Su sacrificio le otorgaría la redención a toda la humanidad, era el motivo suficiente, y esto le daba el gozo que Él necesitaba para soportarlo todo.

Las Cuatro Copas

Hay cuatro copas que se deben de tomar durante la cena del *Séder*. Cada copa está basada en Éxodo 6:6.7 y tienen significados muy especiales:

Éxodo 6:6-7

"Por tanto, dirás a los hijos de Israel: Yo soy JEHOVÁ; y yo os sacaré de debajo de las tareas pesadas de Egipto, y os libraré de su servidumbre, y os redimiré con brazo extendido, y con juicios grandes; y os tomaré por mi pueblo y seré vuestro Dios; y vosotros sabréis que yo soy Jehová vuestro Dios, que os sacó de debajo de las tareas pesadas de Egipto."

- La primera copa – **La copa de la Santificación**

Éxodo 6:6ª *"Yo os sacaré del yugo opresor egipcio"*.

- La Segunda Copa – **La copa del Juicio**

Éxodo 6:6ᵇ *"Yo les rescataré de su lazo"*.

- La tercera copa – **La copa de la Redención**

Éxodo 6:6ᶜ *"Yo les redimiré con brazo extendido y grandes juicios."*

- La Cuarta Copa – **La Copa de la Consumación**

Éxodo 6:7 *"Yo les tendré como mi gente, y yo seré su Dios".*

Las primeras dos copas de la cena del *Séder* son tomadas antes de la comida. La primera, la copa de la santificación, nos habla de cómo Dios tomó a su pueblo y lo liberó del lazo judío para apartarlos como santos ante Él.

1ra de Pedro 2:9-10

"Más vosotros sois linaje escogido, real sacerdocio, nación santa, pueblo adquirido por Dios, para que anunciéis las virtudes de aquel que os llamó de las tinieblas a su luz admirable; vosotros que en otro tiempo no erais pueblo, pero que ahora sois pueblo de Dios; que en otro tiempo no habíais alcanzado misericordia, pero ahora habéis alcanzado misericordia."

La segunda copa, la copa del juicio nos muestra que Dios juzgará a nuestros enemigos y nos liberará de su yugo opresor.

Juan 16:11

"y de juicio, por cuanto el príncipe de este mundo ha sido ya juzgado."

Colosenses 2:15

"y despojando a los principados y a las potestades, los exhibió públicamente, triunfando sobre ellos en la cruz."

Las otras dos copas sostienen el significado Cristo céntrico más relevante, ya que ambas señalan directamente a *Yeshua* y lo que Él logró para nosotros. Estas copas son tomadas después de la cena.

La tercera copa se refiere a la copa de la redención y está basada en la porción de la Biblia en donde Dios declara la siguiente afirmación *"Yo les redimiré con brazo extendido y grandes juicios."*

Lucas 22:20

"De igual manera, después que hubo cenado, tomó la copa, diciendo: Esta copa es el nuevo pacto en mi sangre, que por vosotros se derrama."

Nosotros sabemos que *Yeshua* tuvo que extender sus brazos en la cruz para poder redimirnos. *Yeshua* específicamente tomó la copa de la redención después de la cena y Él dijo que esa copa representaba el nuevo Pacto en Su sangre. Previamente a este acontecimiento, esta copa representaba la sangre del cordero que fue puesta en las puertas de los hogares de la gente hebrea para protegerlos cuando el ángel de la muerte pasare por esa tierra.

Éxodo 12:13

"Y la sangre os será por señal en las casas donde vosotros estéis; y veré la sangre y pasaré de vosotros, y no habrá en vosotros plaga de mortandad cuando hiera la tierra de Egipto."

Nosotros somos verdaderamente redimidos por la sangre del cordero, el Cordero de Dios quien quita el pecado del mundo. Este nuevo pacto, lo que hace es removernos la penalidad, poder y presencia del pecado para así liberarnos completamente.

Es interesante el notar que *Yeshua* no bebió de la cuarta copa en la cena del *Séder*. La cuarta copa está basada en *"Yo te tomaré como Mi Pueblo, y Yo seré tu Dios"*. Él no podría beber de esta copa durante la cena porque Él aún no había pagado el precio de nuestros pecados, por ende, Él no podría completar la ceremonia tomando la cuarta copa, si todavía no había tomado el lugar como nuestro Dios para aceptarnos como Su pueblo. El reconocía que esa copa solo debía ser bebida por Él, posteriormente de que Él pasaré por todo el sufrimiento que debía de pasar. Ahora, ¿Cómo es que sabemos que Él no tomó la última copa?

Mateo 26:27-30

"Y tomando la copa, y habiendo dado gracias, les dio, diciendo: Bebed de ella todos; porque esto es mi sangre del nuevo pacto, que por muchos es derramada para remisión de los pecados. Y os digo que desde ahora no beberé más de este fruto de la vid, hasta aquel día en que lo beba nuevo con vosotros en el reino de mi Padre.

Y cuando hubieron cantado el himno, salieron al monte de los Olivos."

Esta porción de la escritura claramente nos muestra que una vez que Él habiendo tomado la Copa de la Redención y al declarar que esta representaba el pacto de la nueva alianza, Él no volvería a beber del fruto de la vid hasta aquel día en que bebiese con nosotros en el Reino de Su Padre. Muchos eruditos piensan que en este pasaje se está refiriendo al evento conocido como "Las bodas del Cordero" referido en el libro de Apocalipsis.

Es mi conclusión personal que este pasaje en realidad se refiere a lo descrito en Éxodo 6:7 *"Los tomaré como Mi Pueblo y Yo seré su Dios"* cuando el momento llegase en que nosotros nos volviésemos uno con Él en Salvación. Es tradición ceremonial que cuando dos personas se juntan en matrimonio ellos siempre concluyan el pacto nupcial al beber juntos de una copa.

Posteriormente de que *Yeshua* bebiese la tercera copa, Él cantó una canción con Sus discípulos y se trasladaron al Jardín de Getsemaní. Enfaticemos en lo que ocurre en ese lugar y en las palabras que usa Jesús cuando está orando:

- **Mateo 26:39** *"Yendo un poco adelante, se postró sobre su rostro, orando y diciendo: Padre mío, si es posible, pase de mí esta copa; pero no sea como yo quiero, sino como tú."*

- **Mateo 26:42** *"Otra vez fue, y oró por segunda vez, diciendo: Padre mío, si no puede pasar de mí esta copa sin que yo la beba, hágase tu voluntad."*

- **Juan 18:10-11** *"Entonces Simón Pedro, que tenía una espada, la desenvainó, e* *hirió al siervo del sumo sacerdote, y le cortó la oreja derecha. Y el siervo se llamaba Malco. Jesús entonces dijo a Pedro: Mete tu espada en la vaina; la copa que el Padre* me ha dado, ¿no la he de beber"

- **Marcos 15:21-24** *Y obligaron a uno que pasaba, Simón de Cirene, padre de Alejandro y de Rufo, que venía del campo, a que le llevase la cruz. Y le llevaron a un lugar llamado Gólgota, que traducido es: Lugar de la Calavera. Y le dieron a beber vino mezclado con mirra; mas él no lo tomó.*
Cuando le hubieron crucificado, repartieron entre sí sus vestidos, echando suertes sobre ellos para ver qué se llevaría cada uno.

A través de Su camino hacia la cruz, en donde Él habría de ser crucificado, Él continuaba mencionando esta "copa". Pero ¿A qué copa se refería? Por contexto sabemos que se estaba refiriendo a la copa de la consumación. Él había resuelto en su corazón que Él bebería de la copa en el Jardín de Getsemaní, más Él todavía no habría de beberla.

Cuando finalmente, Él supo que había completado la misión de soportar todo el pecado del mundo en su propio cuerpo y con este sacrificio había pagado el precio de nuestra redención. Entonces Él pudo beber esa última copa, declarando así "Consumado es".

- **Juan 19:28-30** *Después de esto, sabiendo Jesús que ya todo estaba consumado, dijo, para que la Escritura se cumpliese: Tengo sed. Y estaba allí una vasija llena de vinagre; entonces ellos empaparon en vinagre una esponja, y poniéndola en un hisopo, se la acercaron a la boca. Cuando Jesús hubo tomado el vinagre, dijo: Consumado es. Y habiendo inclinado la cabeza, entregó el espíritu.*

Y así como el pronunciaba estas palabras "Consumado es" el nuevo pacto se había completado.

Yeshua logró renovar el pacto, volviéndonos tanto a ti como a mí su Pueblo y volviéndose Él nuestro Dios. Cuando nosotros aceptamos que Él ha finalizado su obra Él viene hacia nuestras vidas por medio del Espíritu Santo (*Ruach Ha Kodesh*) y establece Su Reino en nosotros. Cuando nosotros nos hacemos participes con Él en su Santa Cena, nuestro ser se vuelve completo debido a que su cuerpo fue roto por nosotros y así aceptamos su pacto al tomar de la copa de la consumación con Él en el Reino de Dios.

Lucas 17:20-21

"Preguntado por los fariseos, cuándo había de venir el reino de Dios, les respondió y dijo: El reino de Dios no vendrá con advertencia, ni dirán: Helo aquí, o helo allí; porque he aquí el reino de Dios está entre vosotros."

Dondequiera que el Reino tenga dominio, ahí será donde el Reino esté.

Capítulo 3

La Resurrección

El Festival de las Primicias (*Bikkurim*)

El día quince del mes de *Nisan* comienza con el *Hag HaMatzah* (La fiesta solemne de los panes sin levadura). Esta festividad consta de siete días dedicados al Señor, que le dan paso a la fiesta de las primicias (o de los primeros frutos de la siega) encontradas en:

Levítico 23:9-14 *"Y habló Jehová a Moisés, diciendo: Habla a los hijos de Israel y diles: Cuando hayáis entrado en la tierra que yo os doy, y seguéis su mies, traeréis al sacerdote una gavilla por primicia de los primeros frutos de vuestra siega. Y el sacerdote mecerá la gavilla delante de Jehová, para que seáis aceptos; el día siguiente del día de reposo la mecerá. Y el día que ofrezcáis la gavilla, ofreceréis un cordero de un año, sin defecto, en holocausto a*

Jehová. Su ofrenda será dos décimas de efa de flor de harina amasada con aceite, ofrenda encendida a Jehová en olor gratísimo; y su libación será de vino, la cuarta parte de un hin. No comeréis pan, ni grano tostado, ni espiga fresca, hasta este mismo día, hasta que hayáis ofrecido la ofrenda de vuestro Dios; estatuto perpetuo es por vuestras edades en dondequiera que habitéis."

Cuando la cosecha de grano y espiga estaban listas para ser recolectadas, el participante de la celebración tomaba una gavilla de los montos recolectados de la mies y la presentaba ante el sacerdote. Esta gavilla en particular recibía el nombre de "la gavilla primicia" y el sacerdote la mecía delante de Jehová en la casa del Señor. Esto debía llevarse a cabo el día siguiente del día de reposo (*Sabbath*) conjuntamente con otras ofrendas y holocaustos.

Dios dio por mandamiento a la gente traer esta primicia de la cosecha:

Levítico 23:10 *"Habla a los hijos de Israel y diles: Cuando hayáis entrado en la tierra que yo os doy, y seguéis su mies, traeréis al sacerdote* *una gavilla por primicia de los primeros frutos de vuestra siega."*

La palabra hebrea para "gavilla" es "*omer*" que significa literalmente "un manojo de productos secos cuya medida es la décima parte de una *efa*". El motivo por el cual el *omer* es la décima parte de una *efa* se encuentra en Éxodo 16:36, donde se nos muestra que una *efa* contiene 10 *omers* de grano. Recuerden, que Dios dio por mandamiento a su gente el visitar la ciudad de Jerusalén tres veces al año, durante las festividades de Pascua (*Pesach*), Pentecostés (*Shavuot*), y la fiesta de los tabernáculos (*Sukkot*). Estas tres festividades son esencialmente agrícolas, siendo la Pascua (*Pesach*) la fiesta de la cebada, y el Pentecostés (*Shavuot*) la fiesta del trigo. Estas dos festividades tienen como característica en común ser festividades de las primicias, al contrario del festival de los Tabernáculos (*Sukkot*), el cual se celebra al final del año como cosecha final de las frutas.

Las cosechas representan hoy, a todos los que ponen su fe, confianza y esperanza en

Yeshua el Mesías (Mateo 13:39; Marcos 4:26-29; Lucas 10:12; Apocalipsis 14:14-16).

Así que, ya que la gavilla es la primicia de los primeros frutos, y como la gavilla se usa en la Biblia para representar a una persona o grupo de personas, entonces espiritualmente, una gavilla representa personas que han aceptado al Mesías en su corazón.

La nación de Israel estaba familiarizada con los conceptos tanto de las primicias como de los primogénitos. Las primicias siempre fueron consideradas como lo mejor de lo mejor, lo más selecto, lo principal y lo que precedería a todo lo que habría de venir por el resto del año. Las primicias eran algo sagrado para el Señor, y su concepto, así como el de la primogenitura, era de gran peso espiritual en la Biblia. Esto puede observarse en las siguientes escrituras: Éxodo 23:16, 19: 24,26; Levítico 2:12,14; 23:20; Números 18:12 – 15,26; Deuteronomio 18:1-5; 26:2-4,10; 2nda de Crónicas 31:5; Nehemías 10:35-39; Proverbios 3:9; Jeremías 2:3; Ezequiel 44:30; 48:14; Malaquías 3:8-14; Hebreos 6:20; 7:1-8.

Todo fruto de la tierra, así como de hombre o bestia debía ser presentado delante del Señor como primicias a Él.

1. El primogénito de cada hombre o bestia eran santificados (apartados y hechos santos) y presentados al Señor (Éxodo 13:2; 22:29).

2. Los primeros frutos de toda la tierra eran presentados al Señor a Su altar como alabanza y acción de gracias. (Deuteronomio 26:1-11).

El diecisiete de Nisan

Resurrección y Salvación

El tema principal de la fiesta de las primicias es la Resurrección y la Salvación. Hay diversos eventos muy importantes que tomaron lugar durante esta fecha en la Biblia.

1. El Arca de Noé encalló en el monte Ararat (Génesis 8:4).
2. Israel cruza el mar rojo (Éxodo 3:18; 5:3, 14).

3. Israel come los primeros frutos extraídos de la tierra prometida (Josué 5:10-12). El maná que Dios les mandaba diariamente cesa el día dieciséis de *Nisan*, desde que los hijos de Israel comenzaron a comer el fruto de la tierra prometida.

4. La resurrección de *Yeshua*, el Mesías (Juan 12:24; 1 de Corintios 15:16-20). *Yeshua* celebra la fiesta de las primicias ofreciéndose a sí mismo como el primogénito de todas las generaciones futuras (Mateo 27:52-53).

Yeshua es el primer fruto de la cosecha de cebada.

1. *Yeshua* es el primogénito de Miriam (María) (Mateo 1:23-25).
2. *Yeshua* es el hijo unigénito de Dios Padre (Hebreos 1:6).
3. *Yeshua* es el primogénito de toda creación. (Colosenses 1:15).
4. *Yeshua* es el primogénito de los muertos. (Apocalipsis 1:5).

5. *Yeshua* es el primogénito entre muchos hermanos (Romanos 8:29).
6. *Yeshua* es la primicia de los resucitados (1ra de Corintios 15:20,23).
7. *Yeshua* es el principio de toda creación de Dios (Apocalipsis 3:14).
8. *Yeshua* es la preeminencia en todo (Colosenses 1:18).

Las primicias son representaciones proféticas de la Resurrección del Mesías.

La celebración en donde se ofrece la gavilla primicia, es una representación profética de la resurrección de *Yeshua*.

Yeshua profetizó que Él se levantaría de los muertos después del tercer día y la tercer noche después que él hubiese sido inmolado en la cruz (Mateo 12:38-40; 16:21; Lucas 24:44-46). Esto fue anunciado como un presagio en el *Tanach* (Antiguo testamento) como un reflejo de los eventos que acontecieron en Génesis 22:1-6; Éxodo 3:18; 5:3; 8:27; Esther 4:15-17; Jonás 1:7; 2:1-2).

Como *Yeshua* había sido inmolado en la cruz durante el día de la pascua (*Pesach*), el catorce de *Nisan*, y Él se levantó de entre los muertos después de haber transcurrido tres días y tres noches, fue el diecisiete de *Nisan* cuando su resurrección se llevó a cabo, justo en el festival de las primicias y es por eso que *Yeshua* es llamado la primicia de los resucitados.

1 de Corintios 15:20-23

"Más ahora Cristo ha resucitado de los muertos; primicias de los que durmieron es hecho. Porque por cuanto la muerte entró por un hombre, también por un hombre la resurrección de los muertos. Porque así como en Adán todos mueren, también en Cristo todos serán vivificados. Pero cada uno en su debido orden: Cristo, las primicias; luego los que son de Cristo, en su venida."

La comprensión espiritual de Las Primicias.

Aplicación Espiritual (*Halacha*). Como ya había mencionado anteriormente, la gavilla en la Biblia fue usada para representar una persona o un grupo de personas (Génesis 37:5-

11). *Yeshua* habrá de regresar a la tierra (Zacarías 14:4) durante su llamada Segunda Venida como el Rey de toda la tierra. Él también traerá con Él las gavillas (aquellos que creyeron en *Yeshua* como el Mesías). (Salmos 126; Jeremías 31:9-14; Joel 3:11-13; Zacarías 14:3-5; Mateo 13:37-39; Marcos 4:26-29; Hebreos 12:1; Judas 14; Apocalipsis 1:17).

Los 144,000 testigos hebreos quienes atestiguarán a *Yeshua* durante el evento llamado *Chevlai shel Mashiach* o los dolores de parto del Mesías (también conocidos como tribulación) serán la primicia de Dios durante la tribulación (Apocalipsis 14:1-4).

Observemos los siguientes versículos encontrados en la Biblia concernientes a las primicias.

1. Lo natural precede lo espiritual, (1 de Corintios 15:46).
2. Israel fue el primogénito de Dios (Éxodo 4:22).
3. El evangelio fue predicado primeramente a los Judíos y posteriormente a los gentiles (Romanos 1:16; 2:9-10; Mateo 10:5-6; 15:21-28; Hechos 1:8).

4. Somos llamados a buscar primeramente el Reino de Dios (Mateo 6:33).

5. *Yeshua* fue el primero de volver de entre los muertos (Hechos 26:23).

6. Los primeros creyentes fueron un prototipo de primicia (Santiago 1:17-18)

7. Aquellos quienes se levantaron de su sepulcro conjuntamente con *Yeshua* durante el día de su Resurrección se convirtieron en las primicias de todos aquellos que posteriormente lo harían (Mateo 27:52-53; Efesios 4:8; 1ra de Tesalonicenses 4:13.18).

8. *Yeshua* primero nos amó, y Él es nuestro primer amor (1ra de Juan 4:9; Apocalipsis 2:4).

9. Yeshua es el primero (Alef) y el último (Tav) (Apocalipsis 1:8, 11, 17: 22:13; Isaías 41:4; 44:6; 48:12).

Capítulo 4

Pentecostés

Shavuot

Los nombres Bíblicos para la fiesta del Pentecostés son: Fiesta de la cosecha, fiesta de las semanas (*Shavuot*) y día de los primeros frutos.

La palabra Pentecostés significa 50 días. Durante esta fiesta se celebra el que Dios haya otorgado las leyes que institucionalizarían a la nación de Israel; asimismo, se les indica el patrón que usarían para el Tabernáculo.

En el *Shavuot* se hace remembranza de los 50 días transcurridos después de que el Cordero Pascual haya sido inmolado para redención del pueblo de Israel del yugo Egipcio. Durante estas fechas se ofrecen las primicias de los frutos y se procede con el conteo del *omer* por 49 días.

Levítico 23:9-18

Y habló Jehová a Moisés, diciendo:

Habla a los hijos de Israel y diles: Cuando hayáis entrado en la tierra que yo os doy, y seguéis su mies, traeréis al sacerdote una gavilla por primicia de los primeros frutos de vuestra siega. Y el sacerdote mecerá la gavilla delante de Jehová, para que seáis aceptos; el día siguiente del día de reposo la mecerá. Y el día que ofrezcáis la gavilla, ofreceréis un cordero de un año, sin defecto, en holocausto a Jehová. Su ofrenda será dos décimas de efa de flor de harina amasada con aceite, ofrenda encendida a Jehová en olor gratísimo; y su libación será de vino, la cuarta parte de un hin.

No comeréis pan, ni grano tostado, ni espiga fresca, hasta este mismo día, hasta que hayáis ofrecido la ofrenda de vuestro Dios; estatuto perpetuo es por vuestras edades en dondequiera que habitéis. Y contaréis desde el día que sigue al día de reposo,[b] desde el día en que ofrecisteis la gavilla de la ofrenda mecida; siete semanas cumplidas serán. Hasta el día siguiente del séptimo día de reposo contaréis cincuenta días; entonces ofreceréis el nuevo grano a Jehová.

De vuestras habitaciones traeréis dos panes para ofrenda mecida, que serán de dos décimas de efa de flor de harina, cocidos con levadura, como primicias para Jehová. Y ofreceréis con el pan siete corderos de un año, sin defecto, un becerro de la vacada, y dos carneros; serán holocausto a Jehová, con su ofrenda y sus libaciones, ofrenda encendida de olor grato para Jehová.

Pero, ¿Cómo habrá que hacer para contar el *omer* hoy en día? ¿Qué podemos ofrecerle ahora a Dios en nuestro contexto particular?

Romanos 12:1-2

"Así que, hermanos, os ruego por las misericordias de Dios, que presentéis vuestros cuerpos en sacrificio vivo, santo, agradable a Dios, que es vuestro culto racional.

No os conforméis a este siglo, sino transformaos por medio de la renovación de vuestro entendimiento, para que comprobéis cuál sea la buena voluntad de Dios, agradable y perfecta."

Éxodo 32:15-17

"Y volvió Moisés y descendió del monte, trayendo en su mano las dos tablas del testimonio, las tablas escritas por ambos lados; de uno y otro lado estaban escritas. Y las tablas eran obra de Dios, y la escritura era escritura de Dios grabada sobre las tablas.

Cuando oyó Josué el clamor del pueblo que gritaba, dijo a Moisés: Alarido de pelea hay en el campamento."

Éxodo 32:25-28

"Y viendo Moisés que el pueblo estaba desenfrenado, porque Aarón lo había permitido, para vergüenza entre sus enemigos, se puso Moisés a la puerta del campamento, y dijo: ¿Quién está por Jehová? Júntese conmigo. Y se juntaron con él todos los hijos de Leví. Y él les dijo: Así ha dicho Jehová, el Dios de Israel: Poned cada uno su espada sobre su muslo; pasad y volved de puerta a puerta por el campamento, y matad cada uno a su hermano, y a su amigo, y a su pariente. Y los hijos de Leví lo hicieron conforme al dicho de Moisés; y cayeron del pueblo en aquel día como tres mil hombres."

El templo de Salomón presenta a un patrón para el Día de Pentecostés.

2 Crónicas 5:12-14

"y los levitas cantores, todos los de Asaf, los de Hemán y los de Jedutún, juntamente con sus hijos y sus hermanos, vestidos de lino fino, estaban con címbalos y salterios y arpas al oriente del altar; y con ellos ciento veinte sacerdotes que tocaban trompetas), cuando sonaban, pues, las trompetas, y cantaban todos a una, para alabar y dar gracias a Jehová, y a medida que alzaban la voz con trompetas y címbalos y otros instrumentos de música, y alababan a Jehová, diciendo: Porque él es bueno, porque su misericordia es para siempre; entonces la casa se llenó de una nube, la casa de Jehová. Y no podían los sacerdotes estar allí para ministrar, por causa de la nube; porque la gloria de Jehová había llenado la casa de Dios.

Éxodo 32:28

"Y los hijos de Leví lo hicieron conforme al dicho de Moisés; y cayeron del pueblo en aquel día como tres mil hombres."

Hechos 2:41

"Así que, los que recibieron su palabra fueron bautizados; y se añadieron aquel día como tres mil personas."

Si observas detenidamente el pasaje encontrado en Éxodo 32:28 podrás descubrir que cuando la ley fue otorgada, tres mil personas murieron a causa de su pecado. En el día de Pentecostés cuando Dios mandó a Su Espíritu Santo, tres mil personas vivieron en vez de recibir la muerte, en otras palabras, fueron perdonadas de sus pecados. Hechos 2:41 registra que tres mil personas fueron añadidas a la iglesia en ese día.

Juan 1:17

"Pues la ley por medio de Moisés fue dada, pero la gracia y la verdad vinieron por medio de Jesucristo."

Cuando la ley se le fue otorgada al pueblo de Israel durante el día de *Shavuot* (Pentecostés), fueron tres mil personas las que murieron a causa de haber quebrantado las leyes de Dios. Cuando el Espíritu Santo fue dado durante el día de *Shavuot* (Pentecostés) a tres mil personas se les perdonó la muerte en el pecado y pudieron vivir.

Efesios 2:14-18

"Porque él es nuestra paz, que de ambos pueblos hizo uno, derribando la pared intermedia de separación, aboliendo en su carne las enemistades, la ley de los mandamientos expresados en ordenanzas, para crear en sí mismo de los dos un solo y nuevo hombre, haciendo la paz, y mediante la cruz reconciliar con Dios a ambos en un solo cuerpo, matando en ella las enemistades. Y vino y anunció las buenas nuevas de paz a vosotros que estabais lejos, y a los que estaban cerca; porque por medio de él los unos y los otros tenemos entrada por un mismo Espíritu al Padre.

Ruach Ha Kodesh (El Espíritu Santo)

Ezequiel profetizó que llegaría el día en que Dios derramaría Su ley en corazón de Su pueblo por medio de Su Espíritu.

Ezequiel 36:26-31

"Os daré corazón nuevo, y pondré espíritu nuevo dentro de vosotros; y quitaré de vuestra carne el corazón de piedra, y os daré un corazón de carne. Y pondré dentro de vosotros mi Espíritu, y haré que andéis en mis estatutos, y guardéis mis preceptos, y los pongáis por obra.

Habitaréis en la tierra que di a vuestros padres, y vosotros me seréis por pueblo, y yo seré a vosotros por Dios. Y os guardaré de todas vuestras inmundicias; y llamaré al trigo, y lo multiplicaré, y no os daré hambre.

Multiplicaré asimismo el fruto de los árboles, y el fruto de los campos, para que nunca más recibáis oprobio de hambre entre las naciones. Y os acordaréis de vuestros malos caminos, y de vuestras obras que no fueron buenas; y os avergonzaréis de vosotros mismos por vuestras iniquidades y por vuestras abominaciones."

Hechos 1:8

"pero recibiréis poder, cuando haya venido sobre vosotros el Espíritu Santo, y me seréis testigos en Jerusalén, en toda Judea, en Samaria, y hasta lo último de la tierra."

Hechos 1:15

"En aquellos días Pedro se levantó en medio de los hermanos (y los reunidos eran como ciento veinte en número), y dijo:"

Hechos 2:1-4

Cuando llegó el día de Pentecostés, estaban todos unánimes juntos. Y de repente vino del cielo un estruendo como de un viento recio que soplaba, el cual llenó toda la casa donde estaban sentados; y se les aparecieron lenguas repartidas, como de fuego, asentándose sobre cada uno de ellos. Y fueron todos llenos del Espíritu Santo, y comenzaron a hablar en otras lenguas, según el Espíritu les daba que hablasen.

Juan 15:26

"Pero cuando venga el Consolador, a quien yo os enviaré del Padre, el Espíritu de verdad, el cual procede del Padre, él dará testimonio acerca de mí."

Juan 14:15-17

"Si me amáis, guardad mis mandamientos. Y yo rogaré al Padre, y os dará otro Consolador,

para que esté con vosotros para siempre: el Espíritu de verdad, al cual el mundo no puede recibir, porque no le ve, ni le conoce; pero vosotros le conocéis, porque mora con vosotros, y estará en vosotros."

No solamente Dios mandó a Su Espíritu Santo, sino que también lo envió a morar en nosotros.

El mundo no puede tener al Espíritu Santo morando en ellos a menos que ellos reciban a *Yeshua Ha Mashiach* (Jesús Mesías) en sus corazones y nazcan de nuevo. Pero, ¿Cómo piensas tú que Jesús pueda literalmente entrar en la vida de una persona y llegar a morar en ella? Es por medio del Espíritu Santo. O sea, Él no va a buscar el cierre de la cremallera de tu cuerpo y abrirlo como si fuere un disfraz para que Él de una u otra forma se meta dentro de ti, claro que no; en vez de eso es el Espíritu Santo el que viene y se une con tu Espíritu al momento en que tú te arrepientes de tu pecado y aceptas lo que *Yeshua* hizo por ti en la cruz del calvario.

Él tomó el castigo que recibiríamos por nuestros pecados en sí mismo. Nosotros debimos haber muerto por nuestra propia maldad y pecado. Éramos nosotros los únicos culpables. Pero para redimirnos Él decidió voluntariamente tomar nuestro lugar y recibir la pena. Él derramó su sangre para pagar el precio, simplemente para que tú y yo pudiésemos llegar a tener una relación directa con Dios.

Una vez que *Yeshua* esté viviendo en tu vida, pasarás a tener una relación con el Padre y no solamente una religión. Habiendo dicho lo anterior, cuando *Yeshua* caminó en la tierra sanó al enfermo, revivió muertos, manifestó señales, milagros y prodigios. Donde quiera que Él fuera poderosos milagros le precedían. *Yeshua* sopló en la vida de sus discípulos y ellos pudieron ser portadores del Espíritu Santo y fue así como Dios comenzó a obrar milagros a través de ellos. Sin embargo, esto que les hablo fue limitado a algunas cuantas personas quienes pudieron experimentarlo.

Fue posteriormente cuando Dios manda a Su Espíritu Santo, pero esta vez en la vida de todo creyente, duplicando así, el ministerio y testimonio de vida de Jesús en todos ellos. Donde quiera que vaya un hombre o mujer lleno del Espíritu Santo, milagros, señales y prodigios se manifiestan. **Lo que Jesús alguna vez llegó a hacer cuando caminó físicamente aquí en la tierra está siendo multiplicado una y otra vez en diversas vidas y en múltiples lugares al mismo tiempo.**

Estoy tan agradecido con *Yeshua* por haber enviado a Ruach Ha Kodesh en el día de Pentecostés (*Shavuot*), porque ahora Su Ley está siendo escrita en mi corazón. Ahora tengo el poder de vivir por Dios y caminar con Él. Ahora ya no existe más temor de no ser lo suficientemente digno de heredar la eternidad con Él.

Ya no tengo que morir por causa de mis pecados. En vez de eso Él me ha dado vida y vida en abundancia.

Juan 10:10

"El ladrón no viene sino para hurtar y matar y destruir; yo he venido para que tengan vida, y para que la tengan en abundancia."

Capítulo 5

La fiesta de las trompetas

Rosh Hashanah

El nombre *"Rosh Hashanah"* no es utilizado como tal en la Biblia. La Biblia se refiere a este festejo como *Yom Ha-Zikkaron* (el día del recuerdo) o *Yom Teruah* (el día del sonar del shofar). El origen de este día festivo se encuentra en Levítico.

Levítico 23:24-25

"Habla a los hijos de Israel y diles: En el mes séptimo, al primero del mes tendréis día de reposo, una conmemoración al son de trompetas, y una santa convocación.

Ningún trabajo de siervos haréis; y ofreceréis ofrenda encendida a Jehová."

El saludo en común de esta fecha es *"L'shanah tovah"* (Por un buen año). Es la versión corta del saludo oficial el cual es *"L'shanah tovah tikatev v'taihatem"* (o para las mujeres *"Lshanah tovah tikatevi v'taihatemi"*), el cual significa "Qué seas inscrito y sellado por un buen año".

Ahora, el término, "Que seas inscrito" tiene que ver con la acción de escribir tu nombre en el Libro de la Vida. Esta celebración comienza con "Los diez días de asombro", los cuales son los diez días entre *Rosh Hashanah* y *Yom Kippur* (Día de la expiación). Estos días son muy importantes para las personas hebreas. Es durante estos diez días que muchos judíos aprovechan para hacer las paces con otras personas y ofrecerle caridad a los necesitados, es así como se preparan para el *Yom Kippur* en donde ellos deben de haberse puesto a cuentas para estar bien con Dios. Todo esto lo hacen para que se aseguren que su nombre sea escrito en el Libro de la Vida durante el transcurso de ese año.

El libro de Apocalipsis en el Nuevo Testamento nos habla del Libro de la Vida, el nombre de este libro en Apocalipsis es "El Libro de la Vida del Cordero"

Apocalipsis 21:10

"Y me llevó en el Espíritu a un monte grande y alto, y me mostró la gran ciudad santa de Jerusalén, que descendía del cielo, de Dios,"

Apocalipsis 21:22-27

Y no vi en ella templo; porque el Señor Dios Todopoderoso es el templo de ella, y el Cordero.

La ciudad no tiene necesidad de sol ni de luna que brillen en ella; porque la gloria de Dios la ilumina, y el Cordero es su lumbrera. Y las naciones que hubieren sido salvas andarán a la luz de ella; y los reyes de la tierra traerán su gloria y honor a ella. Sus puertas nunca serán cerradas de día, pues allí no habrá noche. Y llevarán la gloria y la honra de las naciones a ella.

No entrará en ella ninguna cosa inmunda, o que hace abominación y mentira, sino solamente los que están inscritos en el libro de la vida del Cordero.

¿Pero quienes son aquellos que son inscritos en el Libro de la vida del Cordero? el verso 24 nos dice "Y las naciones que hubieren sido salvas" Eso significa que si tú eres salvo tu nombre es automáticamente inscrito en el Libro de la vida del Cordero. *Yeshua* (Jesús) es quien nos da la seguridad que nuestros nombres son inscritos en ese libro.

Lucas 10:18-20

Y les dijo: Yo veía a Satanás caer del cielo como un rayo.

He aquí os doy potestad de hollar serpientes y escorpiones, y sobre toda fuerza del enemigo, y nada os dañará. Pero no os regocijéis de que los espíritus se os sujetan, sino regocijaos de que vuestros nombres están escritos en los cielos.

¿Acaso no es eso motivo de regocijo? No tienes que preocuparte de lo que tendrías que hacer para que tu nombre estuviere escrito en el Libro de la vida del Cordero porque si Yeshua es tu Mesías y has vuelto a nacer, entonces ten por seguro que tu nombre estará escrito ahí.

Apocalipsis 3:5

"El que venciere será vestido de vestiduras blancas; y no borraré su nombre del libro de la vida, y confesaré su nombre delante de mi Padre, y delante de sus ángeles."

El año Nuevo Hebreo

En la cultura hebrea se manejan diversas fechas llamadas "años nuevos", un concepto que para nuestra cultura occidental al principio parecería algo extraño, pero si nos ponemos a verlo de la siguiente manera, entonces cobrará sentido.

El calendario Gregoriano nos indica que el "año nuevo" comienza en enero, en muchas de las instituciones educativas el "año escolar" comienza en Septiembre, y para muchos negocios y organizaciones los "años fiscales" se llegan a manejar en diversas fechas. En el judaísmo, el primero de Nissan es el año nuevo que se utiliza con el propósito de llevar la cuenta de los años que un rey lleva gobernando, así como para llevar un orden cronológico de los meses del año. El primero de *Elul* (para nosotros sería Agosto) es el año nuevo que se utiliza para ofrecer el diezmo de los animales. El quince de *Shevat* (en Febrero) es el año nuevo para ofrendar el fruto de los árboles (determinando primeramente cuando los primeros frutos del árbol estén lo suficientemente maduros para comerse). Y el primero de *Tishri* (*Rosh*

Hashanah) es el año nuevo usado para incrementarle un número más al año. Es a partir de este año nuevo que se determinan los comienzos de los años sabáticos y años del jubileo.

Algunas de las prácticas del *Rosh Hashanah*

1. El sonar del shofar.
2. *Tashlikh* (Librar de ataduras que no dejan progresar)
3. Comer manzanas con miel, derivados de estos dos productos o también pastelillos dulces.
4. Durante esta fecha se hacen panes con forma circular, de cadenas y de siluetas de aves (Isaías 31:5).
5. Arrepentimiento, perdón y reconciliación.
6. Darle al necesitado.

La tradición hebrea muestra que los siguientes eventos tomaron lugar el primero de *Tishri*:

1. Adán y Eva fueron creados.
2. Las aguas de la inundación se secaron.
3. Enoch fue arrebatado por Dios.

4. Sarah y Raquel dieron a luz.
5. Samuel fue concebido.
6. José fue liberado de la prisión por el Faraón.
7. El trabajo forzado de los hebreos en Egipto culminó.
8. Job contrajo una especie de soriasis.
9. Comenzaron los sacrificios en el altar que Ezra construyó.

El Shofar – La fiesta de las trompetas

En el *Rosh HaShanah*, el *shofar* es el instrumento oficial. De acuerdo con Levítico 23:24 y Números 29, *Rosh HaShanah* es el día en que las trompetas deben sonar. El nombre original es *Yom* (día) *Teruah* (El sonido en staccato del cuerno, término que también se usa para representar gritos muy fuertes). De acuerdo a la *Mishnah* (*Rosh HaShanah* 16ª, 33), la trompeta usada para este propósito es el cuerno extraído de un carnero, no las trompetas hechas de plata como las descritas en Números 10. En *Rosh HaShanah*, es un *shofar* el que da el primer sonido, seguido de la trompeta de plata y el tercer sonido lo da también un *shofar*. En *Rosh HaShanah*, el *shofar* se toca cien veces. Esta representación simboliza nuestro clamor a Dios.

Los sonidos del Shofar

Hay diferentes tipos de sonidos producidos por el *shofar*, los cuales tienen diferentes representaciones. Estos son algunos de los sonidos usados hoy en día del Shofar aplicado a la alabanza.

Tekiah: Un sonido que posee una transición de rango grave a rango agudo, comenzando con un soplo fuerte de corta duración que se eleva en rango hacia un sonido agudo, y rematando con un sonido mucho más agudo repentino y de mayor fuerza. Este sonido significa que Dios es rey.

Shevarim: Tres sonidos que comienzan con una nota grave que haciende a una aguda tocados uno después del otro. Es como tres pequeños tekiahs, pero sin el sonido más agudo repentino que se toca con mayor fuerza. Este sonido simboliza el estar quebrantados delante de la presencia de Dios.

Teru'ah: Nueve o más notas tocadas en staccato en rápida sucesión en un rango medio. Su significado representa un clamor por misericordia. También se usa como un grito de júbilo y victoria cuando se ha recibido en respuesta la misericordia. También se ha llegado a usar este sonido para invocar a la gente a levantarse en armas y para prevenirles de un peligro que se aproxima.

Shevarim - Teru'ah: La combinación de los dos sonidos previamente mencionados. Su significado es de arrepentimiento, renuncia del pecado y optar por no hacer el mal.

Tekiah Gedolah: (Cuando suena largamente la bocina) Una nota alargada mantenida hasta donde el ejecutante pueda. Comenzando de una nota grave a una nota aguda, terminando con sonido repentino mucho más agudo y de mayor fuerza. Su significado es convocar al pueblo de Dios hacia Él mismo. Este sonido está basado en el pasaje de Éxodo 19:13b *"Cuando suene largamente la bocina (shofar), ellos* (refiriéndose al pueblo), *subirán al monte"*.

Yom Kippur (El día de la expiación), el cual toma lugar diez días después del festejo de las trompetas, concluye al atardecer con el sonido del *Tekiah Gedolah* producido por el shofar.

El *shofar* es tocado una vez antes del servicio de *Rosh Hashanah,* seis veces durante, y una vez antes de la conclusión, el toque del shofar debe ocurrir en el siguiente orden (un *tekiah gedolah* remplaza el *tekiah* final cuando el shofar se toca antes de *musaf*):

Tekiah, shevarim, teruah, tekiah

Tekiah, shevarim, teruah, tekiah

Tekiah, shevarim, teruah, tekiah

Tekiah, shevarim, tekiah

Tekiah, shevarim, tekiah

Tekiah, shevarim, tekiah

Tekiah, teruah, tekiah

Tekiah, teruah, tekiah

Tekiah, teruah, tekiah

Este proceso se repite dos veces, haciendo en total treinta sonidos por cada serie. El último *tekiah* se prolonga y es llamado *tekiah gedolah*. Esta serie de treinta sonidos se repiten tres veces, haciendo en total noventa sonidos por todas las series. Este procedimiento se basa en la mención del teruah tres veces en conexión con el séptimo mes (Levítico 23.24 y Números 29). Además de estos sonidos en la conclusión del servicio se le añade una serie de diez sonidos, haciendo un total de 100 sonidos en este evento.

Conclusión

La gente hebrea hace todas las cosas que les he mencionado durante diez días, comenzando desde *Rosh Hashanah* hasta *Yom Kipput* para hacer las paces con otros y con Dios para que ellos puedan asegurar que su nombre fuese escrito en el libro de la vida. Pero *Yeshua* tomó el castigo por nuestros pecados y pagó el precio por nosotros. Es por la expiación del pecado que Él nos dio que nuestros nombres han sido escritos en el Libro de la Vida del Cordero.

2 de Corintios 5:21

"Al que no conoció pecado, por nosotros lo hizo pecado, para que nosotros fuésemos hechos justicia de Dios en él."

Creo que debemos encontrar la forma de hacer las paces con los demás y con Dios cada día de nuestras vidas, no solamente por diez días. No solamente para que nuestro nombre sea escrito en el Libro de la Vida, si no para que siempre podamos estar en buenos términos con otros así como con Dios.

Capítulo 6

El día de la expiación

Yom Kippur (Perspectiva Judía)

Yom Kippur es probablemente la festividad más importante del calendario Judío. Muchos judíos que incluso no celebrarían cualquier otra festividad, dejarían de trabajar e incluso ayunarían y/o asistirían al servicio de la sinagoga local en este día. *Yom Kippur* ocurre el décimo día de *Tishri* y dicho festejo es mencionado e instituido en Levítico 23:26.

El nombre "*Yom Kippur*" significa "Día de la Expiación", y basta con entender su significado para saber cuál es el propósito de esta festividad. Es este día el que la gente aparta para "afligir el alma", para producir así la expiación de los pecados del año transcurrido.

Durante "Los días de asombro" de acuerdo con la tradición hebrea, Dios escribe nuestros nombres en el Libro de la Vida. En *Yom Kippur*, el juicio escrito en los registros de ese libro es sellado. Este día es, esencialmente, el de la última apelación, la última oportunidad para cambiar el juicio, para demostrar arrepentimiento y ponerse a cuentas.

Yom Kippur expía solamente los pecados hechos entre hombre y Dios, no cubre los pecados hechos de una persona a otra. Para expiar dichos pecados, uno primeramente debe buscar la reconciliación con esa persona, enmendando el mal que se haya hecho en contra de la persona si esto es posible. Todo esto debe ser hecho antes de *Yom Kippur*.

Yom Kippur es un *Sabbath* completo, esos significa que ningún trabajo puede ser llevado a cabo durante ese día. Es costumbre que en este día las personas se priven de comer e incluso beber cualquier líquido (incluso agua). El ayuno que se practica durante *Yom Kippur* dura 25 horas y comienza desde el día anterior al atardecer y termina después de que el sol se haya puesto en el día de *Yom Kippur*.

Las cinco prohibiciones de *Yom Kippur* son: Comer, beber, aplicarse cualquier tipo de perfume, lociones o desodorantes, relaciones maritales, lavar y utilizar calzado de cuero. Como siempre, cualquiera de estas restricciones puede ser excusada de existir complicaciones en la salud o bien se tratase de algo que afectase directamente la vida de quien lo practique. De hecho, los niños y las mujeres que estén prontas a dar a luz (desde que comiencen las contracciones de parto hasta los tres días después del nacimiento del bebe) no se les es permitido el ayunar, aún si ellos así lo quisieran. Los niños de más de nueve años y las mujeres que ya hayan pasado los tres días después de haber dado a luz se les permiten ayunar, sin embargo; se les permite el romper el ayuno si así ellos sintiesen la necesidad de romperlo.

Durante la mayor parte de este festejo las personas se las pasan en la sinagoga en oración. En las sinagogas ortodoxas, los servicios comienzan temprano en la mañana (8 o 9 am) y se extienden hasta las tres de la tarde. Es entonces cuando las personas se van a tomar una siesta vespertina y regresan a la sinagoga a las cinco o seis de la tarde, para asistir a los servicios de la tarde, los cuales se extienden hasta la noche. Una vez terminados los servicios, estos se cierran con el sonar del *tekiah gedolah*, un largo soplido del *shofar*.

Es de costumbre el vestir de blanco durante esta celebración, y es que este color representa la pureza y es una forma de recordar la promesa de Dios, la cual nos dice que nuestros pecados llegarán a ser blanqueados como la nieve (Isaías. 1:18). Algunas personas visten un *kittel*, las batas blancas con las que los muertos son enterrados.

Yom Kippur (Perspectiva cristiana)

Hebreos 9:6-8

"Y así dispuestas estas cosas, en la primera parte del tabernáculo entran los sacerdotes continuamente para cumplir los oficios del culto; pero en la segunda parte, sólo el sumo sacerdote una vez al año, no sin sangre, la cual ofrece por sí mismo y por los pecados de ignorancia del pueblo; dando el Espíritu Santo a entender con esto que aún no se había

manifestado el camino al Lugar Santísimo, entre tanto que la primera parte del tabernáculo estuviese en pie."

Hebreos 9:11.14

"Pero estando ya presente Cristo, sumo sacerdote de los bienes venideros, por el más amplio y más perfecto tabernáculo, no hecho de manos, es decir, no de esta creación, y no por sangre de machos cabríos ni de becerros, sino por su propia sangre, **entró una vez para siempre** en el Lugar Santísimo, habiendo obtenido eterna redención.

Porque si la sangre de los toros y de los machos cabríos, y las cenizas de la becerra rociadas a los inmundos, santifican para la purificación de la carne, ¿cuánto más la sangre de Cristo, el cual mediante el Espíritu eterno se ofreció a sí mismo sin mancha a Dios, limpiará vuestras conciencias de obras muertas para que sirváis al Dios vivo?"

Hebreos 10:19-20

"Así que, hermanos, teniendo libertad para entrar en el Lugar Santísimo por la sangre de Jesucristo, **por el camino nuevo y vivo que él** *nos abrió a través del velo, esto es, de su carne,"*

Piensa acerca del hecho que el Sumo Sacerdote solamente podría entrar al lugar Santísimo una vez por año. Era durante el día de expiación. Y la aplicación de la sangre de los animales solamente cubría los pecados de la gente más no los removía permanentemente.

Ahora, si sabemos que *Yeshua* entró al lugar santísimo por medio de su propia sangre y arrancó nuestros pecados permanentemente. Él ya no tendría que volver a hacer esto en el futuro porque ya está hecho y consumado fue. Además, ponte a pensar lo siguiente: tú y yo ya tenemos acceso al lugar santísimo, en donde se nos ha dado la capacidad de experimentar la presencia manifiesta de Dios cada día de nuestras vidas, y todo esto gracias a la sangre de *Yeshua*. ¡Qué dicha y privilegio se nos han sido otorgados! Un privilegio que desgraciadamente muchos menosprecian. **Nuestro día de expiación tomó lugar en la cruz del Calvario. Las últimas palabras de *Yeshua* fueron "Consumado es".**

Quisiera preguntarte ahora mismo. ¿Has recibido los beneficios de esta obra consumada en tu propia vida? ¿Has aceptado lo que *Yeshua* (Jesús) ha hecho por ti? Si sabes que no estás bien con Dios, pero quisieras ponerte a cuentas con Él, entonces este es el tiempo en el que deberías parar lo que estés haciendo y le pidas a Dios que te lave de todos tus pecados y te re direccione hacia Su voluntad. Esto no puede ser conseguido por medio de buenas obras. Esto solamente puede ser alcanzado al aceptar su obra consumada que Él consiguió por medio de su muerte y resurrección.

¿Te gustaría hacer la siguiente oración en alto en este momento y así declarar las siguientes confesiones?

Dios, permite que esta oración llegue ante ti. No te ocultes de mí. ¿Qué más podría decirte a Ti El Todopoderoso Dios? Tú conoces todas las cosas, aun las que permanecen escondidas. Revisa mi corazón y mis pensamientos. Nada pasa desapercibido ante tu conocimiento. Mi corazón no ha sido tan endurecido como para tomarme la arrogancia de decir que soy recto y no he cometido pecados. Yo he pecado. No he cumplido con tus mandamientos. Eres recto y verdadero en Tu voluntad. Pero yo he hecho el mal ante tus ojos. Gracias Dios que tú remueves mis pecados y perdonas mis iniquidades. Tú me brindas la expiación de todas mis transgresiones a través de *Yeshua* el Mesías. Porque escrito está: Si nosotros confesamos nuestros pecados, Él es fiel y justo para perdonarlos y limpiarnos de toda inmundicia.

Señor por favor perdóname y límpiame con tu sangre. Yo me arrepiento:

Por los pecados que he cometido delante de ti deliberadamente, y por aquellos pecados que cometí en omisión.

Por el pecado que he cometido de difamación, y por el pecado de chisme.

Por el pecado que he cometido delante de tus ojos por negligencia de mis responsabilidades, y por el pecado de egoísmo.

Por el pecado que he cometido delante de tus ojos al permitir que haya en mí, pensamientos de mal, y por el pecado de lujuria en mí.

Por el pecado que he cometido frente a tus ojos de ser un hombre tibio, y por el pecado de no amarte con toda mi alma y todo mi corazón.

Por el pecado que he cometido delante de tus ojos al no sentir esa sed y esa hambre por tu justicia, y por el pecado de no ponerte primero a ti en mi vida.

Por el pecado que he cometido delante de tus ojos al no ser misericordioso, y por el pecado de haber retenido recursos cuando bien pude dar.

Por el pecado que he cometido de hablar cosas ociosas, y por el pecado de no saber controlar mi lengua.

Por el pecado que he cometido ante tus ojos de no haber amado a mi prójimo, y por el pecado de no haber bendecido a mis enemigos.

Por el pecado que he cometido delante de tus ojos al no haber puesto la otra mejilla, y por el pecado de querer practicar mi justicia propia ante otras personas.

Por el pecado que he cometido ante tus ojos al ser orgulloso, y por el pecado de celos.

Por el pecado que he cometido delante de tus ojos deliberadamente, y por el pecado de omisión. Por todos estos, Oh Dios del perdón, perdóname, discúlpame y otórgame la expiación en Yeshua el Mesías.

Por el pecado que he cometido delante de tus ojos al no caminar como Yeshua caminó, y por el pecado de no llenarme de tu Espíritu.

Por el pecado que he cometido delante de tus ojos por haberme vuelto amante del mundo, y por el pecado de amar las cosas que están en el mundo.

Por el pecado de haber puesto otras cosas antes de haberte puesto a Ti, y por el pecado de idolatría.

Por el pecado que he cometido delante de tus ojos por no haber orado sin cesar en todo momento, y por el pecado de mantener resentimientos.

Por el pecado que he cometido delante de tus ojos al no haber dado la milla extra, y por el pecado de la impaciencia.

Por el pecado que he cometido delante de tus ojos al no haber hecho con otros lo que me gustaría que me hicieran a mí, y por el pecado de la codicia.

Por el pecado que he cometido delante de tus ojos por haberme sentido ansioso por las cosas de esta vida, y por el pecado de no haber confiado en que Tú proveerías para todas mis necesidades.

Por el pecado que he cometido delante de tus ojos al poner mi mente en las cosas de abajo, y no haber puesto mi mente en la cosas del reino.

Por todo esto, Oh Dios del perdón, perdóname, discúlpame, y otórgame expiación en *Yeshua* el Mesías. En verdad me arrepiento desde el fondo de mi corazón y me desprendo de todas estas cosas. En el nombre de *Yeshua* hago esta oración.

Capítulo 7
La fiesta de los Tabernáculos

Sukkot

Levítico 23:33-36

"Y habló Jehová a Moisés, diciendo:

Habla a los hijos de Israel y diles: A los quince días de este mes séptimo será la fiesta solemne de los tabernáculos a Jehová por siete días.

El primer día habrá santa convocación; ningún trabajo de siervos haréis.

Siete días ofreceréis ofrenda encendida a Jehová; el octavo día tendréis santa convocación, y ofreceréis ofrenda encendida a Jehová; es fiesta, ningún trabajo de siervos haréis."

Levítico 23: 39-43

"Pero a los quince días del mes séptimo, cuando hayáis recogido el fruto de la tierra, haréis fiesta a Jehová por siete días; el primer día será de reposo, y el octavo día será también día de reposo. Y tomaréis el primer día ramas con fruto de árbol hermoso, ramas de palmeras, ramas de árboles frondosos, y sauces de los arroyos, y os regocijaréis delante de Jehová vuestro Dios por siete días. Y le haréis fiesta a Jehová por siete días cada año; será estatuto perpetuo por vuestras generaciones; en el mes séptimo la haréis.

En tabernáculos habitaréis siete días; todo natural de Israel habitará en tabernáculos, para que sepan vuestros descendientes que en tabernáculos hice yo habitar a los hijos de Israel cuando los saqué de la tierra de Egipto. Yo Jehová vuestro Dios."

La fiesta de los tabernáculos es una celebración donde se conmemora la colecta de las cosechas, la cual dura una semana entera. Esta fiesta también se conoce como fiesta de campamento, fiesta de los portales, *Sukkoth*, *Succoth* o *Sukkot* (existen diversas variaciones en la escritura de esta festividad, debido a las modificaciones en la transliteración de la palabra hebrea pronunciada *Su-cout*). Los dos días que le prosiguen al festival son diferentes festividades, *Shemini Atzeret* y *Simkhat Torah*; no obstante, es de creencia común que son parte de la fiesta de los tabernáculos.

La fiesta de los tabernáculos era la celebración final y más importante del año. Este festival es sumamente importante debido a que está instituido como un "estatuto perpetuo". La declaración divina "Yo soy El Señor Tu Dios", concluye en las celebraciones del séptimo mes.

La Fiesta de los Tabernáculos comienza cinco días después de *Yom Kippur,* en el día número quince del mes de *Tishri* (Podría ser Septiembre u Octubre). Es un cambio drástico, partiendo de una de las más solemnes celebraciones del año a una de las más alegres. La palabra *Sukkoth* significa "portal" (casas provisionales de campaña) y se refiere al periodo de tiempo en donde los hebreos se la pasaron viviendo en viviendas improvisadas como tiendas o enramadas. Para recordar este suceso de su historia a los hebreos se les ordenó que al celebrar estas fechas se hicieran de tiendas de campaña o enramadas provisionales en dónde deberían de habitar durante los siete días de la celebración. La fiesta de los Tabernáculos dura por siete días seguidos en el día veintiuno del mes Hebreo de *Tishri*, el cual es el séptimo mes de Israel.

Esta celebración tiene un significado dual tanto histórico como agrícola y cultural (así como lo tienen las respectivas celebraciones de pascua y pentecostés). Históricamente, se celebra para mantener el recuerdo de los tiempos duros que pasaron los israelitas en el campamento, durante los cuarenta años que el pueblo permaneció en el desierto.

Está expuesto en Levítico 23:43 *"... para que vuestras generaciones sepan que yo hice habitar en tabernáculos a los hijos de Israel cuando los saqué de la tierra de Egipto. Yo soy el SEÑOR vuestro Dios"*.

¿Qué es lo que debían de recordar?

Muchas de las celebraciones tomaron lugar para traer a memoria las cosas que Dios ha hecho para Su gente. Cuando *Sukkot* es celebrado algunas cosas deben ser recordadas:

1) La humildad de sus inicios, y el estado tan bajo y desolado en que comenzaron antes que Dios los hiciese prosperar.

2) La misericordia de Dios hacia ellos, de tal forma que mientras ellos habitaban en sus respectivos tabernáculos, Dios no solamente hizo levantar un tabernáculo para que Él morara entre ellos, sino que también tuvo la ternura y delicadeza de poner una cubierta por encima de ellos que los guardase del calor del sol por medio de una nube que los protegía. Las misericordias que Dios ha demostrado a lo largo de la historia ya sea hacia nosotros, o hacia nuestros ancestros, deben de mantenerse en perpetua memoria.

3) El octavo día era el gran día de esta celebración, porque se recuerda cuando el pueblo hebreo pudo regresar a vivir en casas otra vez. Recordando cómo después de haber pasado tanto tiempo habitando en los tabernáculos del campamento en el

desierto, por fin podían llegar a un establecimiento seguro en la tierra prometida, en donde pudieron habitar en casas verdaderas. Y es así como se mantiene la sensibilidad, aprecio y acción de gracias por las comodidades y servicios que poseen en sus respectivas casas, cuando se la han pasado siete días en casas de campaña o en portales. Es bueno para aquellos que viven teniendo más de lo suficiente que a veces sepan lo que es vivir de la forma más humilde e incómoda.

4) Se les pedía a los hebreos el mantener con vida esta celebración en acción de gracias hacia a Dios por la productividad del año; sin embargo, el énfasis que más se cuida, es el darse cuenta de cómo las vidas del pueblo de Israel yacían en redención, la cual tiene como esencia el perdón de los pecados.

La palabra *"Sukkah"* significa **"Tabernáculo o portal"**

El término *"Arba Minim"* se refiere a los **"Cuatro Materiales"**

1. *"Lulav"*= Hoja de palma
2. *"Etrog"*= Frutas de árboles cítricos
3. *"Hadassim"*= Ramas con hojas
4. *"Aravot"*= Sauces del río

Los cuatro materiales sirven para traer en memoria al pueblo de Israel de las cuatro etapas que pasaron en el desierto:

1. Las hojas de palmas representan los valles y las planicies.
2. Los cítricos sirven para recordarles la buena tierra que Dios les había entregado.
3. Las ramas con hojas representaban los arbustos que crecían en las montañas.
4. Los sauces nos recuerdan los arroyos de donde ellos bebieron.

Cuando Jesús caminó en esta tierra se llegó a registrar muchas veces su participación en diversas festividades. De hecho Él les llegó a dar un nuevo significado a los diferentes aspectos de cada fiesta. Cada verdad revelada siempre señalaba estratégicamente hacia Jesús y les daba una nueva revelación y retrospectiva a las diferentes celebraciones.

Jesús celebró la fiesta de los tabernáculos.

Jesús celebró la fiesta de los tabernáculos y en ese día fue cuando enseñó en el templo. Aunque sus discípulos no esperaban que Jesús asistiera a la celebración, la mayoría de los peregrinos que venían de lejanas distancias y que había oído hablar de él, mantenían la esperanza de poder verle durante esas fechas en Jerusalén.

Muchos de ellos no se decepcionaron de dicha idea, debido a que en bastantes ocasiones Jesús llegó a enseñar en la terraza de Salomón y en otros lugares de los atrios del templo. Estas enseñanzas fueron realmente el anunciamiento formal u oficial de la divinidad de Jesús hacia las personas hebreas y en general a todo el mundo. Jesús arriesgaba su vida cada vez que viajaba para festejar la fiesta de los tabernáculos; sin embargo, el solo hecho de que Jesús tuviese la valentía de aparecerse tan abiertamente en público asombraba a sus enemigos, quienes no estaban preparados para atraparle cuando llegaban a verle.

Juan 7:2-11

*Estaba cerca la fiesta de los judíos, **la de los tabernáculos**; y le dijeron sus hermanos: Sal de aquí, y vete a Judea, para que también tus discípulos vean las obras que haces. Porque ninguno que procura darse a conocer hace algo en secreto. Si estas cosas haces, manifiéstate al mundo. Porque ni aun sus hermanos creían en él.*

Entonces Jesús les dijo: Mi tiempo aún no ha llegado, mas vuestro tiempo siempre está presto. No puede el mundo aborreceros a vosotros; mas a mí me aborrece, porque yo testifico de él, que sus obras son malas.

Subid vosotros a la fiesta; yo no subo todavía a esa fiesta, porque mi tiempo aún no se ha cumplido. Y habiéndoles dicho esto, se quedó en Galilea.

*Pero después que sus hermanos habían subido, **entonces él también subió a la fiesta,** no abiertamente, sino como en secreto. Y le* *buscaban los judíos en la fiesta, y decían: ¿Dónde está aquél?*

Juan 7:14-15

*"Más **a la mitad de la fiesta** subió Jesús al templo, y enseñaba. Y se maravillaban los judíos, diciendo: ¿Cómo sabe éste letras, sin haber estudiado?"*

Juan 7:37-39

***En el último y gran día de la fiesta**, Jesús se puso en pie y alzó la voz, diciendo: Si alguno tiene sed, venga a mí y beba. El que cree en mí, como dice la Escritura, de su interior correrán ríos de agua viva.*

Esto dijo del Espíritu que habían de recibir los que creyesen en él; pues aún no había venido el Espíritu Santo, porque Jesús no había sido aún glorificado.

Cuando Jesús se puso de pie el último día de la fiesta y comenzó a proclamar "Que todo aquel que tenga sed, venga a mí y beba". Él y todos los presentes sabían que en ese momento el sacerdote principal derramaría del agua y leería la porción de Isaías 12:2-6.

Juan 4:13-14

Respondió Jesús y le dijo: Cualquiera que bebiere de esta agua, volverá a tener sed; mas el que bebiere del agua que yo le daré, no tendrá sed jamás; sino que el agua que yo le daré será en él una fuente de agua que salte para vida eterna.

Jesús el agua viva

En el último y más importante día de la Fiesta de los Tabernáculos (el día en donde los *Rabbis* derramaban el agua) Jesús se puso de pie (para llamar la atención en el momento de dar su mensaje) y se proclamó a sí mismo la fuente de agua viva.

Nuestra sed espiritual puede solamente ser saciada por medio de *Yeshua*.

"Simhat Bet Hasho'eva"

"El lugar de regocijo donde se recoge el agua"

En el último día de la fiesta, un sacerdote era mandado a la piscina del Siloam con una vasija dorada para traer agua al pie del altar en donde había un recipiente en donde el agua era derramada. El acto de derramar el agua significaba la oración de lluvia abundante, la cual era sumamente necesaria para el crecimiento adecuado de sus cosechas.

Cuando el sacerdote derramaba el agua había una porción de las escrituras que leía en voz alta:

Isaías 12:2-6

"He aquí Dios es salvación mía; me aseguraré y no temeré; porque mi fortaleza y mi canción es JAH Jehová, quien ha sido salvación para mí.

Sacaréis con gozo aguas de las fuentes de la salvación. Y diréis en aquel día: Cantad a Jehová, aclamad su nombre, haced célebres en los pueblos sus obras, recordad que su nombre es engrandecido.

Cantad salmos a Jehová, porque ha hecho cosas magníficas; sea sabido esto por toda la tierra.

Regocíjate y canta, oh moradora de Sion; porque grande es en medio de ti el Santo de Israel.

Ahora vuelve a leer esta porción de Isaías y cada vez que observes la palabra salvación cámbiala por *"Yeshua"* el cual es el nombre en hebreo de Jesús y su traducción significa literalmente "Salvación".

Sálvanos ahora

Además en el último día de esta celebración la gente toma el *"Lulav"* en su mano derecha y el *"Etrog"* en la izquierda y lo sacuden vigorosamente en dirección a los cuatro puntos cardinales respectivamente diciendo:

*"**Hoshana Raba**"*, que significa "El gran *Hossana*". *Hossana* significa literalmente "Sálvanos ahora".

Esta escritura se menciona durante este acto profético:

Salmos 118:25-29

"Oh Jehová, sálvanos ahora, te ruego;
Te ruego, oh Jehová, que nos hagas prosperar
ahora.
Bendito el que viene en el nombre de Jehová;
Desde la casa de Jehová os bendecimos.
Jehová es Dios, y nos ha dado luz;
Atad víctimas con cuerdas a los cuernos del
altar.

Mi Dios eres tú, y te alabaré;
Dios mío, te exaltaré.
Alabad a Jehová, porque él es bueno;
Porque para siempre es su misericordia."

Esta porción nos recuerda cuando Jesús entró a Jerusalén montado en un asna y la gente gritaba *"Hossana"* (Sálvanos ahora).

Mateo 21:6-9

"Y los discípulos fueron, e hicieron como Jesús les mandó; y trajeron el asna y el pollino, y pusieron sobre ellos sus mantos; y él se sentó encima. Y la multitud, que era muy numerosa, tendía sus mantos en el camino; y otros cortaban ramas de los árboles, y las tendían en el camino. Y la gente que iba delante y la que iba detrás aclamaba, diciendo: !Hosanna al Hijo de David! !Bendito el que viene en el nombre del Señor! !Hosanna en las alturas!"

Messiah Ben Joseph, Messiah Ben David

Los eruditos judíos han llegado a la conclusión sobre las escrituras, donde mencionan la venida del mesías, que deberían de haber dos mesías: El Mesías hijo de José y el

Mesías hijo de David. El Mesías hijo de José revelado a través de la luz de las escrituras, era un siervo siempre dispuesto a sufrir. El Mesías hijo de David era un rey conquistador. Debido a la complejidad de ambas personalidades se les hace muy difícil concebir a dichos eruditos que los dos mesías mencionados podían ser en realidad una persona.

Si nos ponemos a pensar de esa vez en que *Yeshua* entró a la ciudad de Jerusalén, nos podemos dar cuenta que la gente lo aclamaba clamando y cantando *"Hossana"* (Sálvanos ahora). ¿Pero por qué esta palabra en particular? Es porque ellos estaban esperando que Jesús en ese momento fuese el Mesías *Ben David*. Ellos tenían la expectativa de que el viniese hasta Jerusalén para proclamar su reino. Por eso todos estaban exclamando *"¡Hossana!"* Más tarde cuando se dieron cuenta que sus intenciones distaban de proclamar un reino y levantarse en armas, la misma gente que lo aclamo como si fuera un rey ahora gritaba "¡Crucificadle!". Lo que ellos no se daban cuenta era que *Yeshua* vino primeramente como el Mesías hijo de José o "El mesías que sufre". El declaró:

Juan 18:36

Respondió Jesús: Mi reino no es de este mundo; si mi reino fuera de este mundo, mis servidores pelearían para que yo no fuera entregado a los judíos; pero mi reino no es de aquí.

Él vendrá una vez más, y esta vez proclamará su reino, ahora como el Mesías hijo de David. El Mesías conquistador "El rey de Conquista".

Yeshua es la luz del mundo

Hay algo más que es muy significante, que ocurrió durante la Fiesta de Tabernáculos, y que trajo revelación de *Yeshua* durante esta celebración. Cuando cae la noche es costumbre que se enciendan cuatro candelabros gigantes con aceite que iluminen el templo y den luz a la ciudad. Fue durante este momento que Jesús proclamó:

Juan 8:12

"Otra vez Jesús les habló, diciendo: Yo soy la luz del mundo; el que me sigue, no andará en tinieblas, sino que tendrá la luz de la vida."

Dios, nuestro refugio

Esta celebración también nos exhorta a no involucrarnos muy afectuosamente con cosas materiales, sobre todo ahora que vivimos en una época muy materialista. Cuando los Israelitas vivían como nómadas en el desierto, todos vivían en casas provisionales de campaña, tanto ricos así como pobres. Las posesiones materiales pueden controlar y manipularnos, así como transformarse en nuestros dioses e ídolos y pasar a formar parte principal de nuestras vidas. Debemos siempre tener en cuenta que esta vida es solo temporal. Somos como peregrinos destinados a pasar un tiempo por esta vida para después llegar a conquistar la tierra prometida en la eternidad. Necesitamos buscar primeramente el Reino de Dios, no la comodidad material. Así cómo nosotros busquemos más intensamente el Reino de Dios (Lucas 12:31), Dios se convertirá en nuestro refugio. Por qué Él es la fuerza del pobre y la provisión del necesitado en tiempos de aflicción, refugio contra el turbión, sombra contra el calor, porque el ímpetu de los violentos es como turbión contra el muro. (Isaías 25:4).

Jesús está preparando nuestros hogares permanentes

Estos cuerpos físicos los cuales ahora ocupamos son solo como hogares temporales. Estos cuerpos son frágiles y eventualmente acabarán por deteriorarse. La vida es corta. Nuestra esperanza no está en lo que el mundo tiene para ofrecernos, sino en lo que Dios ya tiene previsto para nosotros en la eternidad. Nuestro hogar permanente está siendo preparado para nosotros en la eternidad. Jesús dijo en Juan 14:2-3: *"En el hogar de mi padre hay muchas mansiones: Si no fuere así, ya les habría dicho, yo me voy para preparar un lugar para ustedes. Y si yo voy a preparar un lugar para ustedes, regresaré, y os recibiré hacia mí, para que donde yo esté, así también ustedes estén."*

Así como los Israelitas dejaron sus ataduras de esclavitud, nosotros también debemos de dejar las ataduras que nos atan a la esclavitud del pecado. Dios sacó a los hijos de Israel del yugo de sus capataces egipcios para llevarlos a la libertad. Los Cristianos, podemos celebrar el que Dios nos haya redimidos de una vida atada al pecado para llevarnos hacia Su libertad en el Reino de Dios.

¿Fue la primera Acción de gracias una fiesta de celebración de los Tabernáculos?

Muchos norteamericanos, después de ver una decoración de *Sukkah* por primera vez, mencionan cómo esta decoración, así como la fiesta en general les recuerda al día de acción de gracias. Para los colonizadores americanos, quienes le dieron origen al día de acción de gracias, las costumbres religiosas eran muy importantes. Al buscar una forma de expresar su gratitud por haber sobrevivido y porque su cosecha haya sido posible, lo más probable es que hayan buscado algún versículo de la Biblia que los respaldase (Levítico 23:39) el cual pudiera servirles como base para celebrar de manera correcta su acción de gracias y no hay otra celebración más adecuada que la de la Fiesta de los Tabernáculos.

Nota: El hecho que el día de gracias se celebre el tercer jueves de Noviembre fue establecido por el gobierno Estadounidense y no necesariamente podría coincidir con el primer acuerdo de los colonizadores norteamericanos.

¿Fue durante la Fiesta de los Tabernáculos que Jesús nació?

Son muchos los eruditos que piensan que Jesús nació durante la Fiesta de los Tabernáculos. La Biblia no especifica la fecha del nacimiento de Jesús. Nosotros sabemos que no pudo haber sido durante los meses de invierno debido a que las ovejas estaban pastando durante esos días (Lucas 2:8). Un estudio de los tiempos de la concepción de Juan el Bautista revela que debió haber sido concebido alrededor de la onceava semana en *Sivan* 30.

Cuando Zacarías estaba ministrando en el templo, el recibió un anuncio de parte de Dios de su hijo venidero. El ocho de *Abia*, cuando Zacarías estaba ministrando era la semana de *Sivan* 12 al 18. Si hablamos de un embarazo normal, eso añadiría cuarenta semanas a ese periodo, permitiéndonos saber que Juan el Bautista nació alrededor de *Nisan* 14 que cae en Pascua. Sabemos que seis meses después de la concepción de Juan el Bautista María dio a luz a Jesús (Lucas 1:26-33). Por ende, Jesús debió haber sido concebido seis meses después durante el mes de *Kislev*. El 25 de *Kislev* se celebra Hanukkah. Pero… ¿Habrá la luz del mundo sido concebida durante el festival de las luces? De ser así, si tomamos como punto de partida Hannukkah, el cual comienza en *Kislev* 25 y continúa por ocho días, y haciendo la cuenta de los nueve meses que María debió de esperar durante su embarazo, se podría llegar a la conclusión de que Jesús nació aproximadamente durante el festival de los Tabernáculos (A principios de otoño).

Durante la Fiesta de los Tabernáculos, Dios se ocupó de que todos los hombres hebreos fuesen a Jerusalén. Ya que eran muchísimas las personas que visitaban Jerusalén para celebrar las festividades, la gente se tenía que distribuir entre los pueblos que rodeaban la ciudad para alcanzar a rentar una habitación en alguna posada. José y María no corrieron con tanta suerte al llegar a Belém (Pueblo ubicado aproximadamente a cinco millas de Jerusalén), pues todas las posadas estaban llenas debido a la gran cantidad de personas que estaban rentando habitaciones en ese lugar. Durante ese tiempo se preparaban los portales como se acostumbra durante los siete días de aquella celebración, lo más probable es que por eso al no haber encontrado posada para rentar en ningún lugar, se les haya terminado por ofrecer uno de los portales *sukkah*.

Debido a las dificultades durante los viajes de esta temporada era algo cotidiano que los oficiales declaran tiempo de impuestos durante la fiesta del templo (Lucas 2:1). Sabemos que nuestro Mesías fue hecho manifiesto a través de un cuerpo temporal cuando vino a habitar con nosotros a la tierra. ¿Será posible que también haya nacido en un hogar temporal? Hay que aclarar que durante esta época del año los campos debieron de haber estado de por si inundados de *sukkahs* que se ponían para darle refugio temporal a los animales. La palabra Hebrea para "establo" también es *sukkah* (Génesis 33:17). Y entonces dio a luz a su hijo primogénito, lo envolvió en pañales, y le acostó en un pesebre, porque no había lugar para ellos en el mesón. José y María tomaron al bebé y escaparon a Egipto en donde se mantuvieron encubiertos hasta que Dios les permitió saber que el rey Herodes había muerto.

José y María trajeron al bebé Jesús a Jerusalén cuarenta días después de su nacimiento para la purificación de María y la dedicación del niño (de acuerdo a la *Torah* esto debió de haber sido hecho en un lapso de cuarenta días comenzando desde el día de nacimiento del varón, el no hacer esto se consideraba pecado). Esto indica que Herodes murió dentro de ese mismo lapso de cuarenta días. Porque mientras que Herodes hubiere estado con vida, no podrían haberse aparecido así como así en el templo. (De acuerdo con los cálculos de Josefo el historiador romano, la muerte de Herodes ocurrió durante el otoño del cuarto año antes de la era común 4 b.c.e.). Tiempo después se registra que *Yeshua* celebró su fiesta de cumpleaños en una montaña con tres de Sus discípulos. En contraste con los festejos regulares de cumpleaños, como el del rey Herodes, donde a cambio de un poco de entretenimiento a alguien le terminaban cortando la cabeza.

La celebración de Jesús fue una celebración de vida. En la fiesta de Sukkoth, *Moshe* (Moisés) y *EliYahu* (Elías), desde centurias atrás, figuras representativas del *Torah* y de los Profetas, se aparecieron y hablaron con *Yeshua*. Uno de sus discípulos, *Kepha* (Pedro), sugirió construir tres *sukkoths*, uno para *Yeshua*, otro para *Moisés* y otro para *Elías,* pues ese era el requerimiento de esa celebración. Pero Él no comprendía que el hecho de que estos tres estuvieran juntos traía plenitud al significado simbólico de la esencia misma de esa celebración.

Por un momento, en el transcurso de la historia de la humanidad, los tres estaban habitando en sus *sukkoths* (tabernáculos temporales), hechos de carne, en espera de sus templos de resurrección eterna. Es por todo lo antes mencionado que existe un número considerable de cristianos que celebran el nacimiento de Cristo durante la Fiesta de los Tabernáculos, complementando la costumbre de la construcción del portal poniéndole decoraciones, luces, música de celebración al nacimiento de Jesús, e incluso comen pastel de cumpleaños ahí.

Entonces ¿Estaría mal celebrar navidad el 25 de diciembre?

Celebrar el cumpleaños del Mesías no es malo. De hecho el celebrar enfocándose en la vida de *Yeshua* es algo muy bueno. A mí, por ejemplo, me deleita celebrar la Navidad con mi familia y amigos. Esta fecha puede ser muy rica en significado para aquellos que reconocen que Jesús es la razón principal de la temporada y que es de sabios el buscarle más. A fin de cuentas no es una fecha lo que más importa, si no el buscar tener una relación con Él todos los días de nuestras vidas. Debemos dejar a un lado nuestro apego a las cosas de esta tierra y poner nuestra pasión y corazón en las cosas de arriba. El fijar nuestra vista en Jesús, el autor y consumador de nuestra fe es algo esencial. No es la fecha, es el hecho. Celebremos que Él vino, que Dios mandó a su hijo unigénito para que todo aquel que crea en Él no perezca, más tenga vida eterna.

Para la gente que dice "Sí, ¿Pero entonces, cuál es la fecha oficial en que nació Jesús?" Mi respuesta es la siguiente: Yo digo que lo mejor que podemos hacer es celebrar su natalicio durante la Fiesta de los Tabernáculos, y también el 25 de Diciembre. ¿Por qué? Porque *Hanukkah*, el festival de las luces, normalmente cae muy cercana a esas fechas y ese fue aproximadamente el tiempo en donde *Ruach Ha Kodesh* (Espíritu Santo) por gracia hizo que María concibiera a Jesús. El principio de la vida de una persona no comienza necesariamente una vez que hayan salido del vientre, sino en el preciso instante en que son concebidos. De todas formas lo más probable es que *Yeshua* haya salido del vientre materno durante *Sukkoth* así que también podemos celebrarle su entrada a este mundo.

Como quiera que haya sido, gracias *Yeshua* por venir a este mundo para salvarnos.

Capítulo 8

"La fiesta de la dedicación"

Hanukkah

La única referencia que tenemos de *Chanukah* o *Hannuhah,* en la mayoría de las biblias es en donde queda registrado que Jesús fue hacia Jerusalén para celebrarla. (Juan 10:22-23). La historia de los eventos que ésta celebra, se encuentra en el libro de Primera de Macabeos, el cual es un libro apócrifo. Algunos libros apócrifos pueden ser encontrados en Biblias Católicas Romanas y en una versión de la Biblia del Nuevo Inglés. Aunque bien se sabe que los libros apócrifos no cumplen con los requerimientos para ser considerados como canon a las sagradas escrituras, estos libros contienen registros históricos que salvaguardan algunos eventos de la historia.

Chanukah se celebra el 25 de *Kislev* en el calendario Hebreo; que bien podría caer durante el mes de noviembre o de diciembre en el calendario regular.

Chanukah, también es conocida como El festival de las luces o La fiesta de la dedicación.

Trasfondo

En el año de 165 Antes de la Era común, el imperio griego, gobernado por Epifanes de Antioquía, El Cuarto, impuso la filosofía y religión griega en todos los territorios que comprendían el imperio, y eso también incluía a Israel. Los romanos levantaron una estatua gigante de su Dios Zeus en el altar del templo y lo profanaron al sacrificar cerdos en él. Todo esto se dio para cumplir la profecía declarada en el libro de Daniel. El abandono de las costumbres hebreas fue provocado por el terror.

Una revuelta liderada por Judá el Macabeo y apoyada por la mano milagrosa de Dios. Trajo consigo la exitosa expulsión de los griegos del templo y fue entonces cuando pudieron limpiarlo y volverlo a consagrar; sin embargo, se dieron cuenta que solamente había suficiente aceite de oliva para encender la *Menorah* (El candelabro de siete brazos) que se encontraba en el templo, por un día, y el conseguir nuevas provisiones de aceite y purificarlo para su uso en el templo tomaría ocho días. No obstante, a la *Menorah* no se le apagó el fuego de forma milagrosa por los ocho días, permitiendo que las nuevas provisiones estuviesen listas.

Celebración

La celebración de *Chanukah* dura ocho días, claro, eso no significa que las personas puedan tomarse los ocho días como festivos y no ir a trabajar. Lo que hace muy divertida a esta celebración, muy especialmente para los niños, es el hecho de que cada uno de los ocho días se recibe regalos. El juego más representativo de esta celebración es el girar el *dreidel* (La pirinola) y también durante esta celebración se les da a los niños monedas de chocolate cubiertas con papel metálico dorado y se preparan los *Latkes* (Panqueques de papa) para comer. Todas estas costumbres se han ido añadiendo a lo largo de los años conforme esta tradición ha ido evolucionando.

La esencia de la celebración se encuentra en el encendido de las velas del candelabro, o velas individuales, y es por esto que algunas personas le siguen llamando el festival de las luces.

Un candelabro llamado *Chanukiah* (base con atriles para nueve velas) es usado, encendiendo una vela extra cada día durante los ocho días de la celebración. La primera noche de Hanukkah comienza con el encendido de la primera vela, la cual es llamada "el sirviente" (*ha shammash*) y es usada para encender las demás velas cada noche hasta que se hayan encendido las nueve velas, coincidiendo con las ocho noches respectivas de la celebración. Las ocho velas están separadas por los brazos (o atriles) del candelabro, con el propósito de demostrar que se está conmemorando el milagro de los ocho días, en donde Dios permitió arder la llama de las luces sin que el aceite se agotara para la consagración del santuario. Por eso en el juego de velas que venden para la celebración de Hanukkah, se contienen en total 44 velas, para que cada noche se pueda prender la cantidad exacta, incluyendo la novena luz que es la que sirve para prender las demás durante los ocho días consecutivos de la celebración.

La vela llamada "el siervo" es interesante para los creyentes en Cristo porque es una representación profética que nos trae a memoria al siervo que todo lo sufrió., y las profecías mesiánicas contenidas en Isaías y también el hecho que Yeshua llegó a convertirse en la luz del mundo. Los textos claves están contenidos en Isaías 9:2, Isaías 42:6, Isaías 49:6, Isaías 60:1, Lucas 2:32, Juan 1:4,9 y Juan 8:12, búscalos y obsérvalos.

Jesús Celebró la Fiesta de la dedicación.

No solamente Jesús celebró esta fiesta, sino que también hizo algo a propósito durante esta celebración que dio a conocer su naturaleza como Deidad.

Juan 10:22-33

"Celebrábase en Jerusalén la fiesta de la dedicación. Era invierno, y Jesús andaba en el templo por el pórtico de Salomón. Y le rodearon los judíos y le dijeron: ¿Hasta cuándo nos

turbarás el alma? Si tú eres el Cristo, dínoslo abiertamente.

Jesús les respondió: Os lo he dicho, y no creéis; las obras que yo hago en nombre de mi Padre, ellas dan testimonio de mí; pero vosotros no creéis, porque no sois de mis ovejas, como os he dicho. Mis ovejas oyen mi voz, y yo las conozco, y me siguen, y yo les doy vida eterna; y no perecerán jamás, ni nadie las arrebatará de mi mano. Mi Padre que me las dio, es mayor que todos, y nadie las puede arrebatar de la mano de mi Padre. **Yo y el Padre uno somos.**

Entonces los judíos volvieron a tomar piedras para apedrearle.

Jesús les respondió: Muchas buenas obras os he mostrado de mi Padre; ¿por cuál de ellas me apedreáis? Le respondieron los judíos, diciendo: Por buena obra no te apedreamos, sino por la blasfemia; **porque tú, siendo hombre, te haces Dios.**

Durante el trasfondo que dio pie a esta celebración, Epifanes de Antioquía El Cuarto, profanó el altar y levantó a Zeus como si fuera el dios del templo. Este fue el motivo principal de la revuelta. Ellos necesitaban retomar el templo para consagrarlo y volverlo a dedicar a Dios, ungiéndolo cómo lugar sagrado de nuevo. Ese es el porqué de esta celebración, la dedicación del Templo y como pieza fundamental el milagro que ocurrió cuando Dios permitió que el aceite no se consumiera.

Para que Jesús tomase la decisión de entrar en el templo en esta precisa fecha y declarar públicamente "**Yo y Mi Padre somos uno**", él sabía de antemano que esta acción habría de golpearle a todos los hebreos presentes en el templo en donde más les dolía. Para ellos lo que Jesús estaba haciendo vendría equivaliendo a lo que Epifanes de Antioquía el Cuarto, hizo, y para ellos eso era blasfemia. Pero el motivo de Jesús era reafirmar la verdad de su naturaleza.

Somos los templos del Espíritu Santo

Podemos aprender mucho de la celebración de *Hanukkah*, la fiesta de la Dedicación.

Pienso en la analogía que se nos ofrece en la historia de esta celebración, como se re dedicó el templo, se consagró y se ungió como sagrado. En el momento que toman el aceite ungido para encender las luces de la menorah me hace pensar en cómo nosotros somos los templos de *Ruach Ha Kodesh* (El Espíritu Santo) y como debemos consagrarnos y purificar nuestras vidas para ser sagradas y agradables ante Dios para que Él pueda llenar nuestros templos con Su Presencia.

Nuestro más grande anhelo debería ser el que la luz de nuestros templos arda por *Yeshua*.

1 de Corintios 3:16-17

"¿No sabéis que sois templo de Dios, y que el Espíritu de Dios mora en vosotros? Si alguno destruyere el templo de Dios, Dios le destruirá a él; porque el templo de Dios, el cual sois vosotros, santo es."

1 Corintios 6:19-20

"¿O ignoráis que vuestro cuerpo es templo del Espíritu Santo, el cual está en vosotros, el cual tenéis de Dios, y que no sois vuestros?

Porque habéis sido comprados por precio; glorificad, pues, a Dios en vuestro cuerpo y en vuestro espíritu, los cuales son de Dios."

Capítulo 9

La fiesta de Ester

Purim

La celebración del *Purim*, al contrario de muchas fiestas que se le ordenaron celebrar a Moisés y que están registradas en la *Torah*, no es una celebración que se requiera celebrar como mandamiento. La Celebración del *Purim* está basada en los eventos registrados en el libro de Ester. La palabra *"Pur"* significa sorteo. Tiene que ver con el sorteo que determinaría el día en que la gente hebrea habría de ser exterminada.

Ester 3:7

"En el mes primero, que es el mes de Nisán, en el año duodécimo del rey Asuero, fue echada Pur, esto es, la suerte, delante de Amán, suerte

para cada día y cada mes del año; y salió el mes duodécimo, que es el mes de Adar."

El libro de Ester registra las razones por el cual el *Purim* ha sido celebrado por la gente hebrea a través de la historia.

Ester 9:26-28

Por esto llamaron a estos días Purim, por el nombre Pur. Y debido a las palabras de esta carta, y por lo que ellos vieron sobre esto, y lo que llevó a su conocimiento, los judíos establecieron y tomaron sobre sí, sobre su descendencia y sobre todos los allegados a ellos, que no dejarían de celebrar estos dos días según está escrito tocante a ellos, conforme a su tiempo cada año; y que estos días serían recordados y celebrados por todas las generaciones, familias, provincias y ciudades; que estos días de Purim no dejarían de ser guardados por los judíos, y que su descendencia jamás dejaría de recordarlos.

Es interesante como Dios no es mencionado ni una sola vez en el libro de Ester; no obstante, su participación a través de todo el libro es más que evidente. Nos recuerda el hecho que se nos presenta cuando estamos enfrentándonos a los momentos más difíciles y a simple vista pareciera que Dios no está ahí pero en realidad siempre está presente trabajando entre bambalinas y asegurándonos y otorgándonos la victoria. El Libro de Ester es una historia triunfal para la gente hebrea. Un suceso inigualable en donde un cruento genocidio estuvo a punto de suceder pero milagrosamente el edicto fue erradicado.

"Hag Purim, Hag Purim, Hag gadol shel yeladim."

"Fiesta del Purim, Fiesta del Purim, una gran celebración para los niños".

Así es como la canción popular proclama a esta celebración, cuando su melodía resuena por todas las calles de Israel durante la celebración de la fiesta de Ester. Este festejo cae alrededor de finales de febrero o a principios de marzo (El nombre del mes del calendario hebreo es *Adar*), durante el tiempo de la celebración, los niños corren por las calles vestidos como Mardoqueo el justo, el Rey Asuero y todas las niñas van vestidas como la hermosa reina Ester, todo esto provoca sonrisas en cualquier persona que vaya pasando y reafirma el sentimiento de la festividad.

El *Purim* es muy distinto a otras celebraciones hebreas que normalmente sostienen un sentido de solemnidad y reverencia, y cualquier júbilo expresado se da usualmente en forma de salmos e himnos. De hecho en esta fiesta los rabbis permiten y hasta promueven el que haya demostraciones de júbilo con tal fervor que hasta a los ancianos se les ve conviviendo con los jóvenes con igual emoción.

La fiesta del *Purim* es tiempo de celebración. En conjunto con las costumbres y la alegría, los más afortunados tradicionalmente donan a la caridad y regalan comida a los necesitados. Como siempre, en las épocas festivas, la comida típica de la ocasión abunda. Y para estas fechas la especialidad más popular son unas pequeñas golosinas de repostería llamadas *ozneh Haman*, Orejas de Haman o *Hamantaschen*, las cuales se suponen que representan el sombrero de tres esquinas de Haman. Su forma es más bien triangular y contiene en su interior relleno de ciruela pasa o semillas de amapola con miel. Dichas golosinas han sido diseñadas de esta forma para recordarnos la historia del *Purim*, en la parte en donde Dios tomó los diseños malévolos del malvado Haman y los usó para el bien de la gente Hebrea.

La palabra Hebrea *"Purim"* significa "sorteo", refiriéndose a los sorteos que fueron establecidos por Haman para determinar cuál sería la mejor fecha para masacrar a los judíos. Durante la fiesta del *Purim*, existe una particular atención que se presta a los eventos que se suscitaron alrededor del día de la celebración y que están registrados en el libro de Ester. Tradicionalmente los rollos de este libro deben ser leídos de principio a final al menos una vez; sin embargo, para diversos grupos de personas el leer varias veces este libro durante la época de las celebraciones es algo común. Una tradición *Hasidica* enseña que el libro de Ester debe ser leído repetidamente durante la noche entera o al menos hasta que los participantes estén tan fatigados que ya no puedan diferenciar entre el nombre de Mardoqueo con el de Haman, el villano de la historia.

Los eventos que dieron lugar a la celebración del *Purim* y que están registrados en el libro de Ester son muy importantes para el futuro establecimiento de la nación de Israel, debido a que no solo Dios salvó a su gente de la destrucción total; si no que forjó relaciones clave entre el imperio Persa, dichas relaciones con este imperio culminarían en ayuda esencial para la restauración y re edificación de Jerusalén.

El Rey Asuero (Jerjes El Grande), comenzó a reinar en Persia desde el año 485 A.C. (Su reinado comenzó en Otoño de aquel año). Durante el tercer año de su reinado, Jerjes ofreció una fiesta tan grande que se extendió por seis meses (180 días), no satisfecho con esto, el rey ofreció un banquete de siete días seguidos para todo el pueblo de la capital, Y daban a beber en vasos de oro, y vasos diferentes unos de otros, y mucho vino real, de acuerdo con la generosidad del rey. Durante este tiempo Vashti (su esposa) fue repudiada como reina y se le pidió que no regresara a la presencia del rey nunca más.

Esther 1:1 -14

"Aconteció en los días de Asuero, el Asuero que reinó desde la India hasta Etiopía sobre ciento veintisiete provincias, que en aquellos días, cuando fue afirmado el rey Asuero sobre el trono de su reino, el cual estaba en Susa capital del reino, en el tercer año de su reinado hizo banquete a todos sus príncipes y cortesanos, teniendo delante de él a los más poderosos de Persia y de Media, gobernadores y príncipes de provincias, para mostrar él las riquezas de la gloria de su reino, el brillo y la magnificencia de su poder, por muchos días, ciento ochenta días. Y cumplidos estos días, hizo el rey otro banquete por siete días en el patio del huerto del palacio real a todo el pueblo que había en Susa capital del reino, desde el mayor hasta el menor.

El pabellón era de blanco, verde y azul, tendido sobre cuerdas de lino y púrpura en anillos de plata y columnas de mármol; los reclinatorios de oro y de plata, sobre losado de pórfido y de mármol, y de alabastro y de jacinto. Y daban a beber en vasos de oro, y vasos diferentes unos de otros, y mucho vino real, de acuerdo con la generosidad del rey. Y la bebida era según esta ley: Que nadie fuese obligado a beber; porque así lo había mandado el rey a todos los mayordomos de su casa, que se hiciese según la voluntad de cada uno.

Asimismo la reina Vasti hizo banquete para las mujeres, en la casa real del rey Asuero.

El séptimo día, estando el corazón del rey alegre del vino, mandó a Mehumán, Bizta, Harbona, Bigta, Abagta, Zetar y Carcas, siete eunucos que servían delante del rey Asuero, que trajesen a la reina Vasti a la presencia del rey con la corona regia, para mostrar a los pueblos y a los príncipes su belleza; porque era hermosa. Más la reina Vasti no quiso comparecer a la orden del rey enviada por medio de los eunucos; y el rey se enojó mucho, y se encendió en ira.

Preguntó entonces el rey a los sabios que conocían los tiempos (porque así acostumbraba el rey con todos los que sabían la ley y el derecho; y estaban junto a él Carsena, Setar, Admata, Tarsis, Meres, Marsena y Memucán, siete príncipes de Persia y de Media que veían la cara del rey, y se sentaban los primeros del reino);"

Esto ocurrió en el año 483-482 A.C. *Hadassah* (Nombre hebreo para Esther) fue coronada reina en el décimo mes del séptimo año del reino de Jerjes.

Esther 2:16-18

"Fue, pues, Ester llevada al rey Asuero a su casa real en el mes décimo, que es el mes de Tebet, en el año séptimo de su reinado. Y el rey amó a Ester más que a todas las otras mujeres, y halló ella gracia y benevolencia delante de él más que todas las demás vírgenes; y puso la corona real en su cabeza, y la hizo reina en lugar de Vasti.

Hizo luego el rey un gran banquete a todos sus príncipes y siervos, el banquete de Ester; y disminuyó tributos a las provincias, e hizo y dio mercedes conforme a la generosidad real."

Esto significa que fue en 478 A.C. que Dios levantó a Ester para salvar a Su Pueblo.

Ester 4:14

"Porque si callas absolutamente en este tiempo, respiro y liberación vendrá de alguna otra parte para los judíos; mas tú y la casa de tu padre pereceréis. ¿Y quién sabe si para esta hora has llegado al reino? Porque si callas absolutamente en este tiempo, respiro y

liberación vendrá de alguna otra parte para los judíos; mas tú y la casa de tu padre pereceréis. ¿Y quién sabe si para esta hora has llegado al reino?"

Ahora, saltémonos hasta el libro de Nehemías. Aquí encontramos que Nehemías era el copero del rey Artajerjes. Al saber esto surgen diversas inquietudes que tienen toda razón de ser preguntadas:

1. ¿Por qué el rey pondría una persona descendiente de un pueblo conquistado como su copero? Tomemos en cuenta la responsabilidad de un copero era proteger al rey del envenenamiento. ¿No es la posición en donde en realidad quisieses a una persona descendiente de una raza que una vez fue considerada enemiga del imperio?
2. ¿Por qué estaba tan interesado un rey en los sentimientos de un sirviente?

Para contestar estas preguntas tendríamos que regresar a analizar el último periodo de la vida de Jerjes el grande. Jerjes fue asesinado en el otoño de 465 A.C. por Artabano (su consejero) el cual también asesinó al hijo más grande de Jerjes (el hijo que tuvo con Vashti). Después de realizar tan cruenta acción se auto proclamó rey pero fue derrotado por Artajerjes I varios meses después cuando pelearon en un combate a muerte mano a mano. Artajerjes I tenía entre 10 y 12 años para entonces (la edad varía dependiendo de la fuente en que se busque esta información). Este fue todo un reto para un niño de su edad, pero si tomamos en cuenta que fue entrenado en las artes del combate desde que tuvo edad suficiente para dar sus primeros pasos entonces podremos comprender que en este combate la victoria se inclinó hacia Artajerjes I. Después de haber derrotado al hombre que tiempo atrás le dio muerte a su padre, Artajerjes fue coronado rey y subió al trono como el príncipe que poseía todo el derecho de heredad por nacimiento para llevar la corona.

Para este tiempo la reina Ester aún seguía con vida. Si nos ponemos a analizar bien la situación nos daremos cuenta que Artajerjes, siendo solo un niño y considerando que tuviese solo doce años, esto significaría que el debió de haber nacido en el año 477 A.C. y esto significaría que el príncipe nacería el año siguiente después de haber sido coronada Ester como reina. Por ende Ester era la madre de Artajerjes I. Haciéndolo por ascendencia mitad judío. Todo tiene sentido ahora, es por eso que él tenía a un hebreo como copero. No porque fuera un sirviente descendiente de una raza conquistada, sino porque el rey mismo era Hebreo. En adición a esta información también sabemos que fue Artajerjes I el que levantó el decreto para re construir la ciudad de Jerusalén con todo y sus murallas en el año 444 Antes de Cristo.

Jesús Revelado a través de la Fiesta del Purim

Tanto Mardoqueo, como Ester, representaban un tipo de Cristo. Mardoqueo fue falsamente acusado y destinado a morir. La misma horca que estaba destinada a matarle, fue la que terminó matando a su enemigo. Y aunque Mardoqueo no murió así como Jesús murió en la cruz. La misma cruz que fue diseñada para destruir a Jesús terminó destruyendo a Su enemigo.

1de Corintios 2:8

"la que ninguno de los príncipes de este siglo conoció; porque si la hubieran conocido, nunca habrían crucificado al Señor de gloria."

1 Juan 3:8

"El que practica el pecado es del diablo; porque el diablo peca desde el principio. Para esto apareció el Hijo de Dios, para deshacer las obras del diablo."

Además al final Mardoqueo fue puesto en una posición alta de honor.

Ester 10:2-3

"Y todos los hechos de su poder y autoridad, y el relato sobre la grandeza de Mardoqueo, con que el rey le engrandeció, ¿no está escrito en el libro de las crónicas de los reyes de Media y de Persia? Porque Mardoqueo el judío fue el segundo después del rey Asuero, y grande entre los judíos, y estimado por la multitud de sus hermanos, porque procuró el bienestar de su pueblo y habló paz para todo su linaje."

Jesús es exaltado a su posición de Honor, la cual merece.

Filipenses 2:9-11

"Por lo cual Dios también le exaltó hasta lo sumo, y le dio un nombre que es sobre todo nombre, para que en el nombre de Jesús se doble toda rodilla de los que están en los cielos, y en la tierra, y debajo de la tierra; y toda lengua confiese que Jesucristo es el Señor, para gloria de Dios Padre."

Ester fue un tipo de Cristo ya que se levantó del anonimato para intervenir y salvar a su gente. Jesús nació en medio de un contexto humilde, sin embargo, se levantó para liberar a toda la gente de la paga que tendrían que pagar por su pecado la cual es la muerte. Después de tres días de ayuno Ester se levantó para interceder y traer liberación a su gente. Jesús, después de tres días se levantó de la tumba para llegar a ser el Salvador de toda la humanidad. Ester echó a perder los planes de Haman. Jesús hechó a perder los planes del diablo. El libro de Ester es un libro de salvación. Nos muestra una historia en donde el pueblo hebreo fue salvado. Y así como Ester fue la que trajo salvación en esa historia ¡*Yeshua* es quien nos da la Salvación!

Capítulo 10

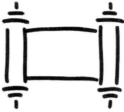

Otras fiestas y celebraciones

Hay otras fiestas y celebraciones que son celebradas por la gente hebrea que nos enseñan principios bíblicos y que apuntan directamente hacia *Yeshua*.

Tisha B'Av (El nueve de Av)

Tisha B'Av no es una celebración. De hecho es un día de luto. Muchas cosas malas le han pasado a la gente hebrea durante este preciso día. El ayuno que se hace conmemora la destrucción del primer y segundo templo en Jerusalén, sucesos que tuvieron una diferencia de 656 años el uno del otro, pero que sucedieron en el mismo día. Este día ha sido llamado el "día más triste de la historia hebrea" *Tisha B'Av* cae en Julio o Agosto en el calendario Gregoriano.

Hay cinco eventos que sucedieron durante el nueve de **Av** los cuales son centro del enfoque de la celebración, más existen otros diversos eventos en la historia que han ocurrido el nueve de **Av** que se traen a remembranza en ese día.

Las cinco calamidades

1. Los doce espías enviados por Moisés para observar la tierra prometida retornaron de su misión. Dos de los espías, José y Caleb entregaron un reporte positivo; no obstante, los otros reportaron males acerca de la tierra, lo que causo que los hijos de Israel entraran en pánico y lloraran con desconsuelo al saber que no podrían entrar a la "Tierra prometida". Por esto, ellos fueron castigados por Dios para que su generación no entrara en la tierra prometida. Y por la falta de fe de los Israelitas, Dios decretó que todas las generaciones venideras de los hijos de Israel solemnizaran el llanto y la desdicha de esta fecha (Véase Números, Capítulos 13 y 14).

2. El primer templo, construido por Salomón fue destruido por los Babilonios, liderados por el emperador Nabucodonosor en 586 Antes de la era Común, y los Hebreos fueron enviados al exilio a Babilonia.

3. El segundo Templo fue destruido por los romanos en el año 70 A. D. (Anno Domini), esparciendo a los Judíos y provocando su migración de la tierra prometida.

4. 135 A.D. – Los Romanos derrotan el último frente de batalla hebreo llamado *"Betar"* del líder *Bar Kochba*, quien es asesinado junto con otras 100,000 personas hebreas. El emperador romano Adriano posteriormente destruiría la ciudad de Jerusalén para reconstruirla como una ciudad Romana.

5. Prosiguiendo la destrucción de Jerusalén por parte del Emperador Adriano, el Monte del Templo fue Socavado y en su lugar se erigió un centro de adoración

pagana. Toda la ciudad fue reconstruida como si fuese una ciudad Romana.

Otras calamidades asociadas con Tisha B'Av:

- 1290: El nueve de *Av* también fue el día en que los judíos fueron expulsados de Inglaterra.

- 1492: El rey Fernando y la Reina Isabel expulsan a los judíos de España.

- 1914: La primera guerra mundial comienza cuando Alemania le declara la Guerra a Rusia, sentando las bases para la Segunda Guerra Mundial y el holocausto.

- 1940: La "Solución Final" es presentada como propuesta al partido Nazi para darle fin al problema judío.

- 1942: Los Nazis comienzan a deportar a los judíos a los campos de concentración del Gueto de Varsovia.

Cuando este día se acerca cada año, comienzo a pedir por mi gente, para que reciban a *Yeshua* como su *Messiah*. *Yeshua* puede romper cada maldición, así como cada patrón de experiencias malas y destructivas. El 9 de *Av* ya no tiene que ser un día de mal agüero para nosotros.

Gálatas 3:10-14

"Porque todos los que dependen de las obras de la ley están bajo maldición, pues escrito está: Maldito todo aquel que no permaneciere en todas las cosas escritas en el libro de la ley, para hacerlas. Y que por la ley ninguno se justifica para con Dios, es evidente, porque: El justo por la fe vivirá; y la ley no es de fe, sino que dice: El que hiciere estas cosas vivirá por ellas.

Cristo nos redimió de la maldición de la ley, hecho por nosotros maldición (porque está escrito: Maldito todo el que es colgado en un madero, para que en Cristo Jesús la bendición de Abraham alcanzase a los gentiles, a fin de que por la fe recibiésemos la promesa del Espíritu."

Los hebreos guardan un gran duelo debido a la destrucción del templo. El templo era el centro del sistema de sacrificios. Este sistema fue establecido por Dios para expiar los pecados de la gente. El templo ya no lo necesitamos debido a que *Yeshua* tomó la identidad del Cordero de Dios quien quita el pecado del mundo. De hecho Yeshua se refería a sí mismo como "El Templo".

Juan 2:19-21

"Respondió Jesús y les dijo: Destruid este templo, y en tres días lo levantaré.

Dijeron luego los judíos: En cuarenta y seis años fue edificado este templo, ¿y tú en tres días lo levantarás? Mas él hablaba del templo de su cuerpo."

Hebreos 9:11-15

Pero estando ya presente Cristo, sumo sacerdote de los bienes venideros, por el más amplio y más perfecto tabernáculo, no hecho de manos, es decir, no de esta creación, y no por sangre de machos cabríos ni de becerros, sino por su propia sangre, entró una vez para siempre en el Lugar Santísimo, habiendo obtenido eterna redención.

Porque si la sangre de los toros y de los machos cabríos, y las cenizas de la becerra rociadas a los inmundos, santifican para la purificación de la carne, ¿cuánto más la sangre de Cristo, el cual mediante el Espíritu eterno se ofreció a sí mismo sin mancha a Dios, limpiará vuestras conciencias de obras muertas para que sirváis al Dios vivo?

Así que, por eso es mediador de un nuevo pacto, para que interviniendo muerte para la remisión de las transgresiones que había bajo el primer pacto, los llamados reciban la promesa de la herencia eterna.

Yeshua no solo ha simplemente cubierto nuestros pecados, si no que los ha erradicado completamente. El sacrificio de Su vida y el derramar de Su sangre fue lo único que se necesitó *"de una vez por todas"* para borrar el pecado. Es por esto que Dios permitió que el templo fuese destruido en 70 A.D. y es por eso que nunca ha vuelto a ser construido de nuevo ni el sistema de sacrificios fue re-instituido. La redención se ha hecho accesible para toda la gente.

Simchat Torah

(Regocijo en la Torah)

Levítico 23:36

"Siete días ofreceréis ofrenda encendida a Jehová; el octavo día tendréis santa convocación, y ofreceréis ofrenda encendida a Jehová; es fiesta, ningún trabajo de siervos haréis."

Tishri 22, el día después del séptimo día de *Sukkot*, es la celebración *Shemini Atzeret*, la cual es también conocida como *Simchat Torah*.

Shemini Atzeret significa literalmente "la asamblea del octavo día" *Simchat Torah* significa "Regocijo en la *Torah*". Esta celebración marca el culminar del ciclo anual de las lecturas semanales de la *Torah*. Cada semana en la sinagoga algunos capítulos de la *Torah* son leídos públicamente comenzando desde Génesis capítulo 1 y concluyendo hasta el último capítulo de Deuteronomio. En *Simchat Torah*, la última porción de la *Torah* es leída y después el primer capítulo de Génesis, como un recordatorio de que la *Torah* es cómo un ciclo que jamás termina. Hay procesiones alrededor de la sinagoga en donde se cargan los rollos de la *Torah* y mucha gente emocionada, canta y danza en la sinagoga cargando sus *Torah*. A tanta gente como les sea posible se les da el honor de una *aliya* (recitar una bendición sobre la lectura de la *Torah*); de hecho, hasta los niños son llamados para declarar bendiciones *aliyah* en *Simchat Torah*. En adición a esto, a muchas personas se les es dado el honor de cargar un rollo de la *Torah* en dichas procesiones.

Yeshua es la Palabra de Vida. Podemos regocijarnos y celebrar en acción de gracias hacia Dios. Hemos guardado su palabra en nuestro corazón, pero no la mantenemos oculta. En vez de eso la podemos sacar y dejarle al mundo contemplar y experimentar la palabra viva de Dios.

Nosotros podemos darle a tanta gente como sea posible el honor de ser portadores de la Palabra de Dios.

Juan 1:1

"En el principio era el Verbo, y el Verbo era con Dios, y el Verbo era Dios."

Juan 1:4

"En él estaba la vida, y la vida era la luz de los hombres."

Juan 1:17

"Pues la ley por medio de Moisés fue dada, pero la gracia y la verdad vinieron por medio de Jesucristo."

Conclusión final

Mi oración es que este libro haya sido una bendición para ti. Oro para que muchas de los tesoros de la verdad impartida en este libro hayan llegado a tu vida. He aprendido y he ganado enfoque a través de las celebraciones de las fiestas de Israel. He encontrado que todas apuntan directamente a Jesús como Mesías. Pido porque este libro te haya acercado más a Él y al mismo tiempo te haya provocado un hambre que te haga cavar más hondo en las verdades del Reino. Yo sé que deben existir más revelaciones y puntos que no se han abordado en este libro; sin embargo, el haberlo escrito me ha dejado un gran deseo para continuar aprendiendo y descubrir más tesoros escondidos en Su Palabra.

Acerca del Autor

Dr. Rick Kurnow

Rick fue criado en un hogar judío. A la edad de diecisiete años, uno de sus amigos de origen japonés le compartió sobre el Mesías *Yeshua* (Jesús). La vida de Rick fue radicalmente transformada cuando accedió a invitar *Yeshua* a formar parte de su vida. Esto fue en 1974. Él inmediatamente supo que tenía un llamado en su vida y entró al Colegio Bíblico Betania en Santa Cruz, California. Ahí se graduó como Bachiller en la especialidad de Ciencias Ministeriales. Rick conoció a su mujer Dottie en el Instituto Bíblico y se casaron en 1978. Juntos ellos han ministrado y viajado por más de 35 años. Rick ha sido poderosamente usado por Dios para impactar muchas vidas. Los dones del Espíritu

Santo fluyen de una manera única a través de su ministerio. En el año 2005 Rick obtiene el grado de Doctor en Divinidad de la Universidad del Seminario Bíblico en Teología de San Jacinto, California. Rick también ha recibido un nivel de maestría 1 y 2 en Consejería Bíblica, así como Doctor en Teología del Instituto Práctico cristianismo de Evangelismo en Hemet, California. Actualmente el Dr. Kurnow trabaja como pastor asistente conjuntamente con su esposa en los Ministerios Internacionales Theophany bajo la cobertura del Apóstol Al Forniss. Asimismo, Rick y Dottie están frecuentemente dando pláticas y ministrando a través de Los Estados Unidos y México a través de los Ministerios Internacionales Kurnow. Puedes encontrar más información sobre su ministerio en www.kurnow.org

Doctores Rick y Dottie Kurnow

Rick también es un artista de estudio que ha lanzado hasta ahora tres álbumes musicales junto con su esposa Dottie, su más reciente material se llama "Here Comes a Miracle". Él también es el diseñador del Manto de oración *Talit* del nuevo pacto mesiánico. Miles de estos mantos de oración han alcanzado vidas todo a través del mundo. El DVD de enseñanzas "El uso Bíblico del *Shofar*", el uso Bíblico del *Talit*" y "*Yeshua* revelado a través de la pascua", han sido distribuidos por todo el mundo, llegando así a ser una bendición para muchos.

Rick y Dottie son los fundadores de Shofars From Afar LLC, una compañía que apoya la economía de Israel al ofrecer productos Judíos, Mesiánicos y Cristianos. Estos artículos únicos se pueden encontrar en www.shofarsfromafar.com

Otros libros del Doctor Kurnow que están disponibles:

Lo sobrenatural es algo natural – Las bendiciones de escuchar la voz de Dios (también disponible en inglés).

Lo sobrenatural es Natural – Milagros, señales y prodigios. (También disponible en inglés).

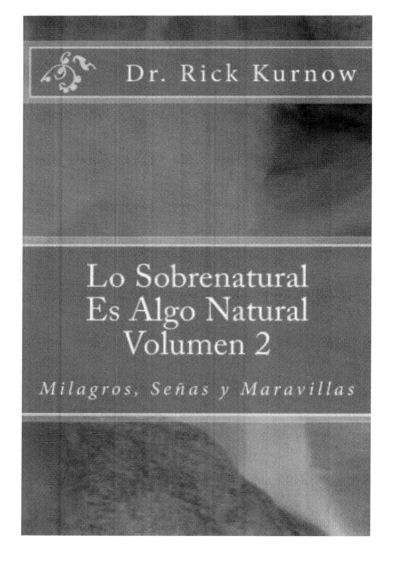

Aprendiendo a amar la voluntad de Dios. (También disponible en inglés).

Estos y más libros pueden ser encontrados en:

www.shofarsfromafar.com

32952234R00082

Made in the USA
San Bernardino, CA
20 April 2016